O PEREGRINO

JOHN BUNYAN

O PEREGRINO

Traduzido por
EDUARDO PEREIRA E FERREIRA

mundocristão
São Paulo

Os textos de referência bíblica passíveis de identificação foram extraídos da *Nova Versão Internacional* (NVI), da Biblica Inc., salvo indicação específica.

CIP-Brasil. Catalogação na publicação
Sindicato Nacional dos Editores de Livros, RJ

B961p

Bunyan, John, 1628-1688
O peregrino / John Bunyan ; tradução Eduardo Pereira e Ferreira. - [2. ed.]. - São Paulo : Mundo Cristão, 2017.
192 p. ; 21 cm.

Tradução de: The pilgrim's progress
ISBN 978-85-433-0276-8

1. Ficção inglesa. 2. Ficção cristã. I. Ferreira, Eduardo Pereira e. II. Título.

17-45015 CDD: 823
CDU: 821.111-3

Categoria: Literatura

Publicado no Brasil com todos os direitos reservados por:
Editora Mundo Cristão
Rua Antônio Carlos Tacconi, 69, São Paulo, SP, Brasil, CEP 04810-020
Telefone: (11) 2127-4147
www.mundocristao.com.br

1ª edição: junho de 1999
2ª edição: novembro de 2017
Impressão digital sob demanda

Sumário

Prefácio

Na segunda metade do século 17, o cenário religioso da Europa era conturbado. Apesar do domínio geográfico e político, o cristianismo se estilhaçava em cisões cada vez mais profundas. Até mesmo o protestantismo, que resistira à Contrarreforma e a ataques como o da malfadada Noite de São Bartolomeu — massacre que ceifou a vida de milhares de huguenotes franceses um século antes —, enfrentava o problema da divisão, muitas vezes promovida por pessoas ou grupos motivados pelo desejo autêntico de servir a Deus de maneira abnegada, não importando os obstáculos no caminho.

Tal itinerário de santidade e pureza transformou-se, para muitos, em ideal de vida piedosa. A alegoria mais bem elaborada dessa busca se encontra nas páginas de *O peregrino*, considerado o primeiro clássico da ficção cristã e uma das principais obras literárias de todos os tempos. Dissidente do anglicanismo, John Bunyan traduziu de maneira singular o conflito de pessoas que, como ele, empreendiam uma jornada espiritual tão árdua quanto longa, e ainda assim gratificante.

À semelhança de Cristão, o protagonista de sua obra-prima, Bunyan teve uma trajetória repleta de provações e sofrimentos. Ele nasceu em 1628, em Elstow, cidadezinha rural no interior da Inglaterra. De família humilde, recebeu pouca instrução escolar e seguiu a profissão do pai, tornando-se latoeiro. No verão de 1644, quando tinha 16 anos, perdeu a irmã caçula e a mãe. Em seguida, alistou-se no Exército Parlamentarista, onde serviu por três anos. Em 1649, casou-se com a primeira esposa, que veio a falecer em 1658, deixando-o com quatro filhos pequenos, um deles cego.

No meio desses dissabores todos, porém, Bunyan converteu-se à fé cristã. Isso se deu em meados da década de 1650, sob o ministério do pastor John Gifford, de uma congregação independente que se reunia na Igreja de St. John, na cidade de Bedford. A princípio, ainda ferido pela culpa e pelo sofrimento que o acompanharam a vida toda, Bunyan relutou em aceitar plenamente a maravilhosa graça de Deus, com sua oferta de perdão e cura. Aos poucos, no entanto, sua confiança na providência divina passou a norteá-lo, e ele logo ganhou uma nova razão para existir.

Um ano após a morte de sua primeira esposa, casou-se com a jovem Elizabeth, então com 18 anos. Juntos, tiveram dois filhos. Na época, embora não fossem permitidas reuniões religiosas fora do âmbito do anglicanismo oficial da Igreja da Inglaterra, Bunyan já atuava como intrépido pregador na Igreja de St. John e nos arredores de Bedford. Por sua rebeldia contra o sistema religioso oficial e por sua insistência em pregar o evangelho onde quer que estivesse, mesmo contra as leis vigentes, foi detido e condenado a mais de doze anos de prisão (1660–1672).

No cárcere, Bunyan se dedicou a escrever. São desse período várias de suas obras, incluindo sua autobiografia espiritual *Graça abundante* (1667). Foi também na prisão que ele começou a redigir aquele que seria seu livro mais célebre. *O peregrino*, no entanto, só foi concluído depois de uma segunda passagem de Bunyan pela prisão, em 1675, quando ficou detido por seis meses.

Lançado em Londres, em 1678, numa Inglaterra já mais permissiva às congregações independentes, *O peregrino* ganhou de imediato imenso apreço popular. E, nos dez anos seguintes, antes de sua morte em 1688, Bunyan se tornou oficialmente pastor e pode desfrutar de alguma liberdade para praticar os princípios tão bem expressos em sua obra-prima. (Cabe lembrar ainda que, em 1684, foi publicada uma segunda parte da obra, *A peregrina*, que relata a história da esposa e dos filhos do protagonista de *O peregrino*.)

Todavia, a jornada de Cristão, o peregrino que dá título ao livro, é mais que uma metáfora da vida espiritual. Os ambientes, as situações e os demais personagens também fazem alusões recorrentes — ainda que discretas, ou mesmo escamoteadas — às mazelas da sociedade, à corrupção das cortes e à institucionalização que tomou conta da Igreja, roubando seu caráter mais precioso: o de agência de promoção da espiritualidade e da comunhão com Deus. Como que antevendo reações a sua obra, o autor a apresenta em forma de apologia poética, um recurso igualmente utilizado para preparar o leitor para as inovações que ele introduz à narrativa.

Não é difícil se identificar com os personagens da obra. Bunyan ilustra com grande habilidade as fragilidades da estrutura humana. A exemplo de todos nós, Cristão é, por vezes, vacilante e confuso. No entanto, sua obstinação por alcançar a Cidade é a força que o leva mais além. Tão empolgante quanto sua motivação é saber que o destino do peregrino é glorioso, não importa a duração e a rudeza da trilha que toma.

Tudo isso faz de *O peregrino* um clássico da literatura mundial, que já foi traduzido para mais de duzentas línguas e que nunca deixou de ser impresso desde a primeira publicação. Consciente do grande apelo que a obra exerce também sobre os leitores brasileiros, a Editora Mundo Cristão publica esta edição especial, que visa fornecer uma roupagem contemporânea à obra clássica, sem empobrecer o texto de Bunyan. Certamente será uma jornada singular.

"Os homens mais eruditos não encontram nada mais digno de louvor, e as crianças não conhecem nada mais divertido", escreveu sobre *O peregrino* o grande crítico inglês Samuel Johnson. Que esta obra seja tão fascinante para o leitor de hoje quanto tem sido ao longo das gerações.

Os editores

Apologia do autor a seu livro

Quando, no início, peguei da pena
A escrever, mal imaginava a cena,
Que fora compor assim um livrete.
Não, pensava em outro motete,
Mas, já quase concluído — por quê, não sei,
Sem me dar conta, a este me atirei.

E assim foi: eu, escrevendo sobre o anelo
E a corrida dos santos nesta era do evangelho,
Súbito vi-me enredado numa alegoria
Sobre sua viagem e o caminho à eterna alegria
Em mais de vinte coisas que pus no papel;
Isso feito, já mais vinte na cabeça, ao léu,
A se multiplicar se atiraram novamente,
Como centelha que voa de brasa ardente.
Mas pensei: se vocês se reproduzem tão rápido,
Melhor é pô-los de lado, pra que afinal, vápidos,
Ad infinitum *não se multipliquem a corroer*
O livro em que me debruço a escrever.

E assim fiz, sem ter ainda ideia distinta
De assim exibi-lo a todos, papel e tinta.
Só pensava em fazer nem sei quê;
Nem me esforcei, portanto, não vê?,
Por agradar ao próximo, não,
Pois o fiz para mim mesmo, adulão.

Nem nada nesses rabiscos despendi
Senão tempo vago, horas soltas em si;

Tampouco quis senão contornar, por bem,
Pensamentos piores, que me desviem além.

Assim, pena ao papel, com prazer tanto,
Logo vazei as ideias em preto e branco.
Pois sabendo já o método, todo aceso,
Arranquei e tudo me veio; e, teso,
Escrevi até afinal vir a obra ao lume,
Essa grandeza de doce, fino perfume.

Ora, quando assim pus o ponto final,
Mostrei aos outros, para ver, banal,
O que diriam; se iriam condenar ou aplaudir.
Alguns: "Viva"; outros: "Morra" a brandir.
Alguns: "Esqueça"; outros: "Publique, John".
Alguns: "Não"; outros: "Parece até bom".

Via-me numa encruzilhada, e não sabia
O que de melhor a fazer havia.
Afinal pensei: "Como estais divididos,
Irei publicá-lo, sem vos dar ouvidos".

Pois, pensei, alguns o fariam, percebo,
Embora outros até neguem tal ato acerbo.
Para ver quem dera o conselho melhor,
Convinha um teste (dos males o menor).

Pensei ainda que, se de fato o negasse
Aos que aplaudiriam tal desenlace,
Mais não lhes faria que sonegar só
Uma tão grande alegria; ah, dó!

Aos contrários à publicação
Disse: "Ofendê-los, isso não".

Mas como seus irmãos o desejam,
Abstenham-se de julgar, até que o vejam.

"Se não queres ler, esquece, moço.
Uns amam a carne, outros o osso."
Sim, para como acalmá-los ter,
Resolvi então com eles debater:

Não devo escrever nesse estilo assim?
Mas sem de vista perder, teu bem, o fim,
E com tal método. Por que não ouso?
Alguns amam a carne, outros o osso.
Sombrios, claros, se suas gotas de prata
Fazem escorrer, a terra, nutrindo a nata,
A nenhum repreende, mas louva a ambos,
Acalenta o fruto que juntos geram tantos.
Pois ela assim mistura, para que no seu fruto
Não se distinga um do outro, em bruto.
Faminta, a ela bem convém; farta, porém,
Os dois vomitam, os abandona sem bem.

Vede os meios que usa o bom pescador
A pegar o peixe? Que engenho, que lavor?
Lança ele mão de toda inteligência, vede?
Cercados, linhas, anzóis, ganchos e redes.
Porém peixes há que nem linha nem anzol
Podem pegar, de noite e mesmo à luz do sol.
Mas a esses só se procura às apalpadelas
Ou se não pode pescá-los, ventos sem velas.

E como planeja o caçador a ave capturar?
Modos tantos, tantos que nem vale nomear:
Armas, redes, arapucas, luzes e sinos;
Rasteja, avança, levanta; apura o tino,
Mas como prever todas as suas posturas?

Pois nenhuma dele fará senhor das alturas.
E assobia, pipila para pegar esta aqui;
Mas se o faz, não perde aquela outra ali?

Se pérolas no papo do sapo houvesse,
Como na concha da ostra, a messe;
Se coisas que nada prometem contêm
Melhor coisa que ouro; desdenha acaso quem
(Tendo noção disso) lá olhe com topete
Para talvez encontrar? Pois a meu livrete,
(Mesmo sem ilustrações que farão
Um ou outro homem tomá-lo na mão)
Não lhe faltam as coisas mais excelentes
Que se acham em ideias ousadas, mas ausentes.

"Bem, mas ainda não estou plenamente convencido
De que este livro há de vingar se posto e lido."

"Ora, qual o problema?" "É lúgubre." "E daí?"
"Mas soa falso." "Pois bem sei que por aí
Alguns forjam versos como tais, macaios,
Mas fazem reluzir a verdade e brilhar seus raios."
"Mas querem solidez." "Dize, homem, o que pensas."
"Afogaram os fracos; metáforas nos cegam, tensas."

Solidez, meu caro, vem de fato à pena
Do que escreve coisas divinas, serenas;
Mas será devo eu buscar, procurar solidez,
Porque falo em metáforas, mas com lucidez?
Não foram as leis de Deus, do evangelho, outrora
Expostas por símbolo, vagueza e metáfora? Ora,
Qualquer homem são a censurá-las reluta
Para que não venha a assaltar, em luta,
A sabedoria sublime. Antes, se humilha
E procura descobrir, por carneiros e novilhas,

Ovelhas e novilhos, bordados e braseiros,
Pássaros e ervas, e pelo sangue de cordeiros,
O que Deus lhe falou; e feliz a raça
Que nessas coisas ache luz e graça.

Não se apresse em concluir, portanto,
Que almejo solidez, sou rude e tanto;
O que é sólido não o demonstra nem lesa;
Nem o que vem em parábolas nos despreza,
Para não recebamos levianamente o doloroso,
Tampouco nos prive da alma o gozo.

Minhas palavras, nublosas, sombrias, retêm
A verdade, como cofres o ouro contêm.

Muito usaram de metáforas os profetas
Para expor a verdade; sim, e se a meta
É Cristo e seus apóstolos, claramente resulta
Que as verdades até hoje estão, sim, ocultas.

Acaso temo dizer que a divina autoridade,
Que com primor humilha toda sagacidade,
É em todo canto dessas coisas tão plenas
(sombrios símiles, alegorias), e que à centena
Brotam do mesmo livro os raios de luz e o brilho
Que transforma mesmo a noite mais escura em idílio?

Vinde, que quem me censura examine a sua vida,
E ali ache palavra mais sombria e descabida,
Que no meu livro não cabe. Sim, e saiba e core,
Pois nas suas melhores coisas há palavras piores.

Que nos ergamos diante de homens imparciais;
E contra um ouso apostar dez, ou mais,
Que encontrarão sentido, e belo, nessas linhas latas,

Bem mais belo que suas mentiras em sacrários de prata.
Vem, verdade, mesmo em bandagem rente,
Orienta o juízo, retifica a mente,
Afaga o entendimento, a vontade domina;
Também a lembrança preenche, ensina,
Com aquilo que deleita nossa imaginação;
Enfim, mitiga, peço, a nossa preocupação.

Sensatas palavras deve usar Timóteo, bem sei,
E recusar as fábulas supersticiosas da grei.
Mas Paulo, sóbrio, não lhe proíbe jamais
O uso de parábolas, pois se ocultam nas quais
Esse ouro, essas pérolas e pedras preciosas,
Que tanto vale escavar, e com mãos ciosas.

Permita-me uma palavra mais, ó homem de Deus!
Estás acaso ofendido? Quiseras me exprimisse eu
Com palavras, quem sabe, de roupagens outras,
Ou fora eu mais explícito nessas coisas poucas?
Três coisas ouso propor; depois as submeto
Aos que me são melhores, e isso prometo

1. Não acho negado me seja usar, isento,
Esse meu método, pois não violento
Palavras, coisas, leitores; nem severo sou
Por usar figuração ou símile; mas, sim, vou,
E o quanto puder, escancarado o peito,
Elevar a verdade, de um ou doutro jeito.
Negado, disse eu? Não, o direito eu tenho
(Exemplo há, também, dos que com empenho
Mais a Deus agradaram com palavras ou atos
Que qualquer homem que hoje vive de fato)
De assim me expressar, assim declarar a ti
Coisas as mais excelentes que jamais eu vi.

2. Creio eu que os homens (altos como troncos)
Escrevem em diálogos, e ninguém, nem os broncos,
Os desprezam por assim escrever. Se, porém,
Violentam a verdade, malditos sejam, e também
Os ardis que usem. Mas que livre seja a verdade
Para lançar-se a ti e a mim, como a Deus agrade,
Pois quem é que sabe, mais que o primeiro
Que nos ensinou a arar, saber certeiro,
Guiar nossa mente e pena a esse intento?
Por ele o vil anuncia o divino elemento.

3. Creio que a ordem divina, por este mundo afora,
Semelha esse método, no qual as causas, sem mora,
Chamam uma coisa a expor a outra a reboque.
Usá-lo posso, então, sem que nada sufoque
Os raios dourados da verdade; possa, antes,
Espalhar esse método raios os mais brilhantes.

E agora, antes ainda de largar minha pena,
Mostrarei o valor do meu livro nessa arena.
Confiarei, ele como a ti, ao zelo ardente
Que ergue o fraco e prostra o valente.

Este livro perante teus olhos traceja
O homem que ao prêmio perene almeja;
Mostra-te para onde ele vai, de onde vem,
O que deixa por fazer e o que faz também.
Ainda te mostra como corre, vivaz.
Pra chegar ao portão da glória e da paz.

Mostra ainda o que, esbaforido, corre à toa,
Como para alcançar imperecível coroa.
Aqui vês também por que é que esses mouros
Desperdiçam tanto esforço e morrem, loucos.

Este livro de ti fará verdadeiro viajante.
E se por ele te deixares guiar adiante,
Até a Terra Santa te levará, nas monções,
Desde que compreendas as suas orientações.
Sim, fará os inertes ativos, rijos,
E aos cegos, pudera, fará ver prodígios.

Buscas então algo raro e proveitoso?
Verias verdade num enredo assombroso?
És acaso esquecido? Lembrar-te-ias
Do ano novo ao fim de dezembro, todos os dias?
Pois lê minha fantasia, que feito pua penetra,
E, tomara, ao desesperado consolo decreta.

Em palavras tais está este livro escrito,
Que até aos lânguidos desperta o grito.
Novidade até parece, mas nada contém, não,
Senão os fios do evangelho, sincero e são.

Queres acaso te ver livre da melancolia?
Queres prazer, mas longe da louca agonia?
Queres ler enigmas, e sua precisa solução,
Ou preferes te afogar na tua contemplação?
Queres a carne? Será não preferes, destarte,
Ver um homem nas nuvens, ouvindo falar-te?
Anseias ver-te num sonho, mas sem dormir?
Ou não preferes a um só tempo chorar e rir?
Não te atrai a ti mesmo te perderes sem dano?
Pra depois te achares sem passe sobre-humano?
Queres tu mesmo ler, sem sequer saber o quê,
Sabendo, porém por essas linhas mesmas que lês,
Se estás ou não abençoado? Ah, vem, então,
E abre meu livro, uma só mente, um só coração.

JOHN BUNYAN

THE

Pilgrim's Progreſs

FROM

THIS WORLD,

TO

That which is to come:

Delivered under the Similitude of a

DREAM

Wherein is Diſcovered,

The manner of his ſetting out,

His Dangerous Journey; And ſafe

Arrival at the Deſired Countrey.

I have uſed Similitudes, Hoſ. 12. 10.

By *John Bunyan.*

Licenſed and Entred according to Order.

LONDON,

Printed for *Nath. Ponder* at the *Peacock* in the *Poultrey* near *Cornhil*, 1678.

Frontispício da edição original, 1678

1

Começa o sonho do autor; Cristão, guiado por Evangelista, inicia sua peregrinação

Andando pelas regiões desertas deste mundo, achei-me em certo lugar onde havia uma caverna; ali deitei-me para dormir e, dormindo, tive um sonho. Vi um homem vestido de trapos (Is 64.6), de pé em determinado lugar, com o rosto voltado para o lado oposto da própria casa, um livro na mão e um grande fardo às costas (Sl 38.4). Olhei e o vi abrir o livro, e lê-lo; e lendo, chorava e tremia, e já não se contendo, rebentou em um choro sentido, dizendo: "Que devo fazer?" (At 16.30-31).

Nessa angústia, portanto, voltou para casa e se conteve o máximo que pôde, para que sua mulher e seus filhos não lhe percebessem o desconsolo; mas não podia mais calar-se, pois seu tormento crescia. Assim, afinal revelou sua angústia à mulher e aos filhos; e começou a falar-lhes:

— Minha querida esposa e filhos — disse ele —, estou muito preocupado em virtude de um fardo que me pesa muito; além disso, tenho uma informação segura de que nossa cidade será queimada com fogo do céu, em cuja terrível destruição eu, você, minha esposa, e vocês, filhinhos amados, seremos destruídos, a não ser que haja uma maneira (que não vejo) de escapar, pela qual nos libertemos.

A revelação deixou a mulher e os filhos surpresos e aflitos, não porque acreditassem que o que ele lhes dizia era verdade, mas porque achavam que alguma insensatez desvairada lhe confundia o pensamento. Aproximando-se a noite, portanto, e esperando que o sono pudesse acalmá-lo, mais que depressa o fizeram dormir. Mas a noite foi para ele tão perturbadora quanto o dia; assim, em vez de dormir, passou-a entre suspiros e lágrimas.

Quando veio a manhã, quiseram saber como ele passara, e lhes disse que piorava cada vez mais. Também voltou a falar-lhes, mas eles começaram a mostrar-se endurecidos. Então cogitaram curar-lhe a insensatez por meio de um comportamento rude: às vezes zombavam dele; às vezes o repreendiam; e às vezes simplesmente o ignoravam.

Por isso ele passou a isolar-se em seu quarto para orar e lamentar por eles, e também para condoer-se da própria angústia. Caminhava solitário pelos campos, às vezes lendo, às vezes orando. Assim passou o tempo durante alguns dias.

Ora, vi certa vez quando ele caminhava pelos campos que (como costumava fazer) lia seu livro exibindo grande angústia, e lendo, rebentou em lágrimas, como já o fizera antes, clamando: "Que devo fazer para ser salvo?".

Vi também que ele olhava para um lado e para o outro, como se pretendesse correr, porém permanecia imóvel, pois, como percebi, não conseguia decidir que caminho tomar. Olhei então e vi um homem chamado Evangelista aproximar-se dele e perguntar-lhe:

— Por que você está chorando?

— Senhor, percebo, por este livro que tenho nas mãos, que estou condenado a morrer e, depois, ir a julgamento (Hb 9.27). Não quero que a primeira coisa aconteça comigo agora, nem tampouco estou pronto para a segunda.

Disse então o Evangelista:

— Por que não está disposto a morrer, se esta vida é afligida por tantos males?

— Porque temo que esse fardo que trago às costas me enterre mais fundo que a sepultura, e que eu venha a cair na fogueira (Is 30.33). E, senhor, se não estou disposto a ir para a prisão, não estou disposto (tenho certeza) a enfrentar o juízo e, depois, a execução. Pensar nessas coisas me faz chorar.

— Se é assim que você se sente — disse o Evangelista —, por que fica aí parado?

— Porque não sei para onde ir.

Então ele lhe deu um livro, no qual estava escrito: "Fujam da ira vindoura" (Mt 3.7).

O homem leu e, olhando para o Evangelista, falou com muito cuidado:

— Para onde devo fugir?

Respondeu o Evangelista, apontando o dedo para um campo bem vasto:

— Vê lá longe aquela porta estreita (Mt 7.13-14)?

— Não.

— Vê lá longe aquela luz radiante (Sl 119.105; 2Pe 1.19)?

— Acho que sim.

— Pois fixe o olhar nessa luz, e suba direto até lá. Ao chegar, verá a porta. Bata, e lhe dirão o que deve fazer.

2

Cristão chega ao Pântano do Desânimo

O homem, então, começou a correr. Ora, nem havia ainda se distanciado da porta de casa quando sua mulher e seus filhos, percebendo, começaram a gritar-lhe que voltasse. Mas o homem tapou os ouvidos com os dedos e continuou correndo, clamando: "Vida, vida, vida eterna!". Então não olhou para trás, mas continuou correndo para o centro da campina (Gn 19.17).

Os vizinhos também vieram vê-lo correr, e enquanto ele corria alguns escarneciam, outros ameaçavam, outros ainda gritavam-lhe que voltasse. Ora, entre esses, dois decidiram trazê-lo de volta à força. O nome de um deles era Obstinado, e o outro se chamava Volúvel. A essa altura, contudo, o homem já estava a boa distância deles, mas mesmo assim eles resolveram persegui-lo e, em pouco tempo, o alcançaram. Disse-lhes o homem:

— Vizinhos, por que vieram atrás de mim?

— Para convencê-lo a voltar conosco.

— Isso não é possível. Vocês moram na Cidade da Destruição, onde também eu nasci. Percebo isso e lhes digo que, morrendo ali, mais cedo ou mais tarde vocês afundarão além da sepultura, até um lugar que queima com fogo e enxofre. Alegrem-se, bons vizinhos, e acompanhem-me.

— O quê? — disse Obstinado. — Deixar nossos amigos e nosso conforto para trás?

— Isso mesmo — disse Cristão (pois era esse o seu nome) —, porque tudo isso que vocês abandonarão não é digno de se comparar nem com um mínimo daquilo que busco desfrutar. Se vocês vierem comigo, e o alcançarem, desfrutarão também, assim como eu, pois lá para onde vou há bastante e de sobra. Venham e comprovem as minhas palavras.

Obstinado — Que coisas são essas que você procura e pelas quais abandona o mundo todo?

Cristão — Busco uma "herança que jamais poderá perecer, macular-se ou perder o seu valor" (1Pe 1.4), e ela está guardada no céu, em segurança, para ser distribuída no tempo devido àqueles que a perseguirem com zelo. Leiam, se quiserem, no meu livro.

Obstinado — Dane-se o seu livro. Vai voltar conosco ou não?

Cristão — Não, não vou, pois já pus a mão no arado (Lc 9.62).

Obstinado — Não adianta, meu vizinho Volúvel. Retornemos para casa sem ele. Há uma multidão desses tolos alucinados, e quando se convencem de uma fantasia, ficam mais sábios aos próprios olhos do que sete homens que sabem expor a razão (Pv 26.16).

Volúvel — Não o insulte. Se o que o bom Cristão diz é verdade, as coisas que ele procura são melhores do que as nossas. Meu coração se inclina a acompanhar o meu vizinho.

Obstinado — O quê? Há mais tolos então? Ouça-me e volte. Quem é que sabe aonde um homem tão mentalmente doente poderá levá-lo? Volte, volte, e seja sábio.

Cristão — Acompanhe-me, vizinho Volúvel. Além do que já lhe falei, há muito mais glórias a alcançar. Se não crê em mim, leia então este livro, e pela verdade do que está expresso aqui, veja que tudo está confirmado pelo sangue de seu autor.

Volúvel — Ora, vizinho Obstinado, estou prestes a tomar uma decisão. Pretendo seguir com este bom homem e arriscar com ele a minha sorte. Mas, bom companheiro, você acaso sabe o caminho até esse lugar almejado?

Cristão — Sou guiado por um homem chamado Evangelista. Ele nos conduzirá até uma pequena porta que está adiante de nós. Lá receberemos instruções acerca do caminho.

Volúvel — Vamos, então, bom vizinho, partamos agora.

E partiram os dois.

Obstinado — Quanto a mim, voltarei para casa. Não servirei de companhia para homens fantasiosos e perdidos.

Ora, vi então em meu sonho que, depois que Obstinado se foi, Cristão e Volúvel cruzaram a campina, e assim foram conversando:

Cristão — E então, vizinho Volúvel, como tem passado? Fico feliz por você ter se convencido a vir comigo. Se o próprio Obstinado sentisse o que senti diante dos poderes e terrores daquilo que ainda não se vê, ele não teria nos virado as costas assim tão levianamente.

Volúvel — Como aqui não há ninguém além de nós, vizinho Cristão, diga-me que coisas são essas e como desfrutá-las no lugar para onde vamos.

Cristão — Posso melhor concebê-las com a mente do que expressá-las com palavras. Mas, como assim mesmo você deseja saber, vou lê-las em meu livro.

Volúvel — E você crê que as palavras do seu livro são absolutamente verdadeiras?

Cristão — Sim, certamente, pois foram escritas por aquele que não pode mentir (Tt 1.2).

Volúvel — Muito bem; que coisas são essas?

Cristão — Receberemos uma vida eterna e viveremos para sempre em um reino sem fim.

Volúvel — Muito bem; e o que mais?

Cristão — Há coroas de glória que nos serão dadas, e vestes que nos farão brilhar como o sol no firmamento do céu.

Volúvel — Isso é excelente; e o que mais?

Cristão — Não haverá mais choro nem pesar, pois aquele que é proprietário do lugar nos enxugará dos olhos toda lágrima (Ap 21.4).

Volúvel — E quem teremos ali por companhia?

Cristão — Lá conviveremos com serafins e querubins, seres que de tão brilhantes nos ofuscarão os olhos. Lá você também encontrará milhares e dezenas de milhares que chegaram antes de nós; nenhum deles é agressivo, mas santo e amoroso; todos eles andam à vista de Deus e permanecem aceitos em sua presença para sempre. Em suma, lá veremos os anciãos com suas coroas de ouro. Lá veremos as santas virgens com suas harpas de ouro (Ap 4.4; 5.11; 14.1-5). Lá veremos homens que pelo mundo foram retalhados e queimados, devorados por animais e afogados nos mares, por causa do amor que tinham ao Senhor do lugar. Agora todos estão bem e vestidos de imortalidade.

Volúvel — Ouvir isso já arrebata o coração de qualquer homem. Mas podemos desfrutar dessas coisas? Como poderemos consegui-las?

Cristão — O Senhor, soberano daquela terra, registrou isso neste livro. A essência é a seguinte: se verdadeiramente nos mostrarmos dispostos a tê-las, ele nos irá concedê-las gratuitamente.

Volúvel — Ora, meu bom companheiro, estou contente por ouvir essas coisas. Vamos, apressemos o passo.

Cristão — Não posso ir tão rápido quanto gostaria, por causa deste fardo que trago às costas.

Então vi em meu sonho que, assim que encerraram essa conversa, aproximaram-se de um pântano muito lamacento que havia no meio da campina; e, estando os dois desatentos, caíram de repente no brejo. O nome do pântano era Desânimo. Ali, portanto, viram-se atolados por algum tempo, ficando repugnantemente enlameados. Cristão, por causa do fardo que trazia às costas, começou a afundar no lodo.

Volúvel — Ei, vizinho Cristão, onde você está?

Cristão — Na verdade, não sei dizer.

Diante disso, Volúvel ofendeu-se e, irritado, disse ao companheiro:

— Essa é a felicidade de que você vinha me falando? Se logo na partida já nos retardamos tanto, que podemos esperar daqui até o final da jornada? Se eu escapar com vida, você pode ficar com a minha parte dessa terra magnífica.

E, dizendo isso, em um esforço desesperado, saiu do lamaçal, na margem do pântano mais próxima de sua casa. E lá se foi. Cristão nunca mais o viu.

Restou a Cristão, portanto, atolar-se sozinho no pântano do Desânimo; mas assim mesmo se esforçava por alcançar a margem do pântano mais distante de sua casa, e mais perto da porta estreita. Ele de fato chegou lá, mas não conseguia sair, por causa do fardo que trazia às costas. Mas vi em meu sonho que dele se aproximou um homem, cujo nome era Auxílio, que lhe perguntou o que fazia ali.

Cristão — Senhor, recebi ordens de um homem chamado Evangelista de seguir por este caminho. Ele também me orientou a alcançar aquela porta distante, para que eu possa escapar da ira vindoura. E para lá seguia quando caí aqui.

Auxílio — Mas por que você não procurou as pegadas?

Cristão — O medo que me acompanhava era tão forte que fugi pelo caminho mais próximo, e caí.

Auxílio — Então dê-me a sua mão.

Auxílio estendeu-lhe a mão e puxou Cristão, colocando-o em solo firme e ordenando-lhe que seguisse seu caminho (Sl 40.2). Este então se aproximou daquele que o tirou do pântano e disse:

— Senhor, se este é o caminho da Cidade da Destruição até a porta distante, por que o terreno não está aplainado para que os pobres viajantes sigam para lá com mais segurança?

Ele respondeu:

— Este pântano lamacento é um lugar que não pode ser aterrado. É a depressão para a qual correm continuamente a escória e a imundície que acompanham a condenação do pecado, por isso chama-se Pântano do Desânimo. À medida que o pecador desperta para sua perdição, surgem em sua alma muitos medos, dúvidas e desanimadoras preocupações, e todas se reúnem e se acomodam neste lugar. Essa é a razão da má qualidade deste terreno.

— O Rei não se agrada de que este lugar permaneça assim tão ruim — prosseguiu. — Seus operários, sob ordens dos inspetores de sua majestade, também vêm trabalhando ao longo desses mil e seiscentos anos neste terreno, para, quem sabe, aplainá-lo. Sim, e segundo sei, aqui já afundaram pelo menos vinte mil cargas de carroções, e ainda milhares e milhares de saudáveis ensinamentos que foram trazidos em todas as estações e de todos os lugares dos domínios do Rei. Os que sabem contar dizem que esses são os melhores materiais para aterrar o lugar. Se fosse assim, já poderia ter sido aterrado, mas continua ainda o Pântano do Desânimo, e assim continuará quando já tiverem feito o que podem fazer.

— É verdade que há, por ordem do legislador, certas pegadas boas e essenciais, espalhadas mesmo aí no meio desse Pântano — continuou —, mas quando esse lugar vomita a sua imundície, como o faz quando muda o tempo, dificilmente se veem as pegadas. Mesmo quando estão visíveis, os homens, por causa da tontura que sentem, passam direto e, apesar de as pegadas estarem ali, acabam atolados na lama. Mas o solo é bom quando eles afinal alcançam a porta.

Depois vi em meu sonho que, a essa altura, Volúvel chegava a sua casa. Então seus vizinhos vieram vê-lo, e alguns deles o chamaram sábio por ter voltado, e outros o chamaram tolo por arriscar-se ao lado de Cristão; outros até zombaram de sua covardia, dizendo:

— Certamente, depois de iniciada a aventura, eu não seria vil a ponto de desistir diante de umas poucas dificuldades.

Então Volúvel, acovardado, sentou-se no meio deles. Mas afinal ganhou mais confiança, e então todos eles mudaram de assunto e passaram a ridicularizar pelas costas o pobre Cristão. E faziam o mesmo com Volúvel.

3

As armadilhas do caminho

Enquanto Cristão caminhava solitário, avistou alguém que vinha cruzando o campo em sua direção; e calhou de se encontrarem bem quando cruzavam o caminho um do outro. O nome do cavalheiro era sr. Sábio-segundo-o-mundo. Morava na cidade da Diplomacia Profana, cidade bem grande, e também muito próxima de onde vinha Cristão.

O homem já sabia algo sobre Cristão, pois sua partida da Cidade da Destruição fora muito alardeada, não só na cidade onde ele morava mas também no exterior, virando mexerico em vários lugares. O sr. Sábio-segundo-o-mundo, portanto, tendo já alguma informação sobre Cristão, observando sua esforçada caminhada e percebendo seus suspiros e gemidos, quis entre outras coisas conversar um pouco com Cristão.

Sábio-segundo-o-mundo — Como então, bom homem, você parte assim apressado e tão carregado?

Cristão — De fato, sempre achei que cada pobre criatura tem o seu fardo a carregar. E se o senhor me pergunta se parto apressado, digo-lhe que busco alcançar a distante porta estreita adiante de mim, pois lá, segundo me disseram, conhecerei um modo de me livrar deste pesado fardo.

Sábio-segundo-o-mundo — Você tem mulher e filhos?

Cristão — Tenho, mas estou tão sobrecarregado que já não encontro neles prazer como antes; para mim é como se não os tivesse (1Co 7.29).

Sábio-segundo-o-mundo — Você acaso me ouviria, se eu o aconselhasse?

Cristão — Se for bom conselho, certamente, pois ando mesmo precisando disso.

Sábio-segundo-o-mundo — Eu o aconselharia, então, a livrar-se o mais rápido possível do seu fardo, pois só então alcançará paz em sua mente; só então poderá desfrutar os benefícios da bênção que Deus lhe concedeu.

Cristão — É isso o que busco: exatamente livrar-me deste pesado fardo; mas não posso tirá-lo de sobre os ombros, tampouco há homem em nossa terra que possa fazê-lo. Por isso sigo este caminho, como já lhe disse, para livrar-me deste peso.

Sábio-segundo-o-mundo — Quem mandou que você viesse por este caminho para livrar-se do seu fardo?

Cristão — Um homem que me pareceu pessoa muito boa e honrada. Seu nome, se bem me lembro, é Evangelista.

Sábio-segundo-o-mundo — Eu o amaldiçoo por esse conselho. Não há no mundo caminho mais perigoso e difícil que este que ele lhe indicou, e isso você mesmo descobrirá, se continuar a seguir o conselho dele. Você já deparou com algo (como percebo), pois estou vendo a imundície do Pântano do Desânimo. Esse pântano, porém, é o início dos pesares que afligem aqueles que tomam este caminho. Ouça-me, sou mais velho que você! É provável que, no caminho, você encontre exaustão, dor, fome, perigos, nudez, espada, leões, dragões, trevas, em suma, a morte, entre outras coisas. Todas elas são seguramente verdadeiras, já tendo sido confirmadas por muitas testemunhas. E por que deveria um homem condenar-se tão gratuitamente dando ouvidos a um estranho?

Cristão — Este fardo às minhas costas é mais terrível para mim do que todas essas coisas que o senhor mencionou. Não. Acho que é melhor não me preocupar com o que eu venha a encontrar no caminho, pois assim poderei também livrar-me do meu fardo.

Sábio-segundo-o-mundo — Mas como, afinal, veio-lhe este fardo?

Cristão — Lendo este livro que tenho nas mãos.

Sábio-segundo-o-mundo — Eu já imaginava. O mesmo ocorreu a outros fracos que, metendo-se com coisas elevadas demais para si, caem subitamente nessas mesmas dificuldades, que não só castram os homens, como vejo que as suas lhe fizeram, mas também os levam a aventuras desesperadas para alcançar nem eles sabem o quê.

Cristão — Eu sei o que quero alcançar: alívio deste meu fardo pesado.

Sábio-segundo-o-mundo — Mas por que você vem procurar alívio neste caminho, vendo que há tantos perigos? Se tivesse a paciência de ouvir-me, poderia dizer-lhe como alcançar o que deseja, sem enfrentar os perigos que este caminho oferece. Veja, o remédio está à mão. E tem mais: em vez desses perigos, você encontrará muita segurança, amizade e alegria.

Cristão — Rogo, senhor, que me revele esse segredo.

Sábio-segundo-o-mundo — Ora, em uma vila distante, chamada Moralidade, mora um cavalheiro cujo nome é Legalidade, homem muito sensato (e de reputação muito ilibada) que tem a capacidade de ajudar a aliviar os homens dos fardos que carregam nos ombros, como o seu. Pelo que sei, ele já fez isso muito bem. Além disso, ele sabe curar aqueles que se acham com a mente um tanto perturbada por conta dos fardos que carregam. É a ele, como disse, que você deve procurar. Ele o ajudará prontamente. Sua casa não fica a mais de um quilômetro e meio daqui, e se ele mesmo não estiver em casa, seu filho, um jovem muito bonito, chamado Urbanidade, é tão perito nisso (a propósito) quanto o próprio idoso pai. Garanto-lhe que ali você poderá encontrar alívio do seu fardo.

— E digo mais — acrescentou —, se você não estiver disposto a voltar para sua antiga casa, como de fato eu não desejaria que fizesse, poderá mandar buscar sua esposa e seus filhos e instalar-se nessa vila. Nela, há hoje casas vazias, e você pode conseguir uma delas por preço razoável. Ali você também encontrará mantimentos bons e baratos, mas o que tornará sua vida mais feliz é que, com certeza, encontrará vizinhos sinceros, confiáveis e educados.

Ora, Cristão se viu um tanto indeciso, mas logo concluiu que, se era verdade o que lhe dissera o cavalheiro, a melhor atitude a tomar seria aceitar seu conselho. Então respondeu:

Cristão — Senhor, que caminho devo tomar até a casa desse homem honesto?

Sábio-segundo-o-mundo — Você está vendo ao longe aquela alta colina?

Cristão — Estou vendo sim.

Sábio-segundo-o-mundo — É para lá que deve seguir. A casa dele é a primeira que você avistar.

Assim, Cristão desviou-se de seu caminho para ir até a casa do sr. Legalidade em busca de ajuda. Mas eis que, quando já se aproximava da colina, esta lhe pareceu tão alta, e, além disso, a encosta mais próxima do caminho pendia a tal altura, que Cristão teve medo de se aventurar mais, temendo que a colina lhe caísse sobre a cabeça. Portanto ali ficou, imóvel, sem saber o que fazer. O fardo agora lhe parecia mais pesado do que quando ele seguia seu caminho.

Também da colina vinham lampejos de fogo, e Cristão temeu vir a ser queimado (Êx 19.16,18). Suava e até tremia de medo (Hb 12.21). Então começou a se arrepender de ter aceitado o conselho do sr. Sábio-segundo-o-mundo.

Viu, então, que Evangelista vinha em sua direção e corou de vergonha. Evangelista se aproximou mais e mais e, chegando até Cristão, olhou-o com semblante severo e temível.

Evangelista — O que você está fazendo aqui?

Cristão não sabia o que responder, permanecendo calado diante dele.

Evangelista — Você não é o homem que achei chorando dentro dos muros da Cidade da Destruição?

Cristão — Sim, senhor, eu mesmo.

Evangelista — Não o instruí que seguisse o caminho que leva à portinha estreita?

Cristão — Sim, senhor.

Evangelista — Então como é que você se desviou tão rapidamente do caminho?

Cristão — Encontrei um cavalheiro logo depois de passar pelo Pântano do Desânimo. Esse senhor distinto convenceu-me de que na vila ali adiante eu acharia um homem que poderia aliviar-me do fardo.

Evangelista — Quem era ele?

Cristão — Parecia um cavalheiro. Conversou bastante tempo comigo e, afinal, conseguiu convencer-me. Então vim para cá. Mas quando deparei com esta colina, vendo como se debruça por sobre o caminho, de repente parei, com medo de que caísse sobre a minha cabeça.

Evangelista — E o que esse cavalheiro lhe disse?

Cristão — Bem, ele me perguntou aonde eu ia, e eu lhe contei.

Evangelista — E o que mais ele lhe falou?

Cristão — Perguntou se eu tinha família, e eu respondi. Disse-lhe que estava tão sobrecarregado com o fardo que trago às costas que já não encontro prazer em minha família como antes.

Evangelista — O que ele lhe disse então?

Cristão — Ele mandou que me livrasse rapidamente do meu fardo, e eu lhe disse que era o alívio que eu buscava. Eu lhe disse, também, que seguia rumo à porta distante para receber mais orientações sobre como alcançar o local da libertação. Então ele disse que me mostraria um caminho melhor e mais curto, não tão repleto de dificuldades como aquele em que o senhor me colocou. Ele disse que o caminho que ele estava me ensinando leva diretamente à casa de um cavalheiro que sabe como aliviar esses fardos. Então acreditei nele, e desviei-me daquele caminho para tomar este outro, esperando logo ver-me livre do fardo. Mas, chegando aqui, vi as coisas como são e parei com medo (como disse) do perigo. Agora não sei o que fazer.

Evangelista — Então continue parado para que eu possa mostrar-lhe as palavras de Deus.

Cristão permaneceu ali, tremendo.

— "Cuidado! Não rejeitem aquele que fala. Se os que se recusaram a ouvir aquele que os advertia na terra não escaparam, quanto mais nós, se nos desviarmos daquele que nos adverte dos céus?" (Hb 12.25).

Disse também:

— Ora, "mas o meu justo viverá pela fé. E, se retroceder, não me agradarei dele" (Hb 10.38).

Depois, ainda aplicou-lhe as palavras:

— Você é esse homem que se encaminha para essa miserável condição. Você passou a rejeitar o conselho do Altíssimo e desviou seus pés do caminho da paz, chegando mesmo a arriscar-se à perdição.

Então Cristão prostrou-se aos pés de Evangelista, como morto, lamentando-se:

— Ai de mim, que estou arruinado! (Is 6.5)

Diante disso, Evangelista tomou-o pela mão direita, dizendo:

— "Todo pecado e blasfêmia serão perdoados aos homens" (Mt 12.31; Mc 3.28), portanto "pare de duvidar e creia" (Jo 20.27).

Cristão ganhou um pouco de alento e, ainda tremendo como antes, pôs-se de pé diante de Evangelista, que lhe disse:

— Preste mais atenção às coisas que lhe contarei agora. Vou dizer-lhe quem foi que o iludiu, e a quem ele o enviou. O homem que você encontrou é um Sábio-segundo-o-mundo. Ele é assim chamado, e com justiça, porque em parte só valoriza a doutrina deste mundo (portanto sempre vai à igreja na cidade da Moralidade), e em parte porque ama acima de tudo essa doutrina, pois o salva da cruz. Como a índole desse sr. Sábio é carnal, ele procura evitar meus caminhos, embora corretos. Ora, há três coisas no conselho desse homem que você deve abominar completamente. Primeiro, o fato de ele ter desviado você do caminho. Segundo, o fato de ele ter-se esforçado por tornar a cruz odiosa para você. E, finalmente, o fato de ele ter mandado você trilhar o caminho que conduz à morte.

— Portanto — disse Evangelista —, você precisa, em primeiro lugar, abominar a tentativa que ele fez de desviá-lo do caminho, assim como o seu próprio consentimento, pois isso equivale a rejeitar o conselho de Deus, em favor do conselho de um Sábio-segundo-o-mundo. Diz o Senhor: "Esforcem-se para entrar pela porta estreita" (Lc 13.24), a porta para a qual o enviei, pois "é estreita a porta que leva à vida! São poucos os que a encontram" (Mt 7.13-14). Dessa portinha estreita, e desse caminho que a ela conduz, é que esse homem ímpio desviou você, para levá-lo quase à destruição. Odeie, portanto, essa tentativa de desviá-lo do caminho, e abomine a você mesmo por ter dado ouvidos a ele.

— Em segundo lugar — continuou —, você precisa execrar o esforço desse sr. Sábio no sentido de fazê-lo odiar a cruz, pois você deve preferi-la aos tesouros do Egito (Hb 11.26). Além disso, o Rei da Glória já lhe disse que "quem quiser salvar a sua vida, a perderá" (Mc 8.35), e que aquele que o segue "e ama o seu pai, sua mãe, sua mulher, seus filhos, seus irmãos e irmãs, e até sua própria vida mais do que a mim, não pode ser meu discípulo" (Lc 14.26). O que estou dizendo é que, se um homem se esforça por convencê-lo de que isso será a sua morte, você deve odiar tal doutrina, pois sem a verdade você não pode ter vida eterna.

— Em terceiro lugar — disse Evangelista —, você precisa odiar o fato de esse homem tê-lo colocado no caminho que conduz à morte. Mas, para isso, você tem de considerar a pessoa para quem ele o enviou, e também o fato de que ela é incapaz de libertá-lo do seu fardo. Aquele a quem você foi enviado para encontrar alívio, e que se chama Legalidade, é filho da mulher escrava (Gl 4.21-31) que está acorrentada junto com os seus filhos e envolta em mistério. Ela é hoje este monte Sinai, que você temeu que caísse sobre a sua cabeça. Ora, se ela e seus filhos estão acorrentados, como você pode esperar deles a liberdade? Esse Legalidade, portanto, não é capaz de libertá-lo de seu fardo. Homem nenhum jamais foi libertado do próprio fardo por intermédio dele, e provavelmente jamais o será. Ninguém pode ser justificado pelas obras da lei, pois pelos atos da lei nenhum homem vivente pode livrar-se de seu fardo.

— Portanto — concluiu Evangelista —, o sr. Sábio-segundo-o-mundo é adversário, e o sr. Legalidade, impostor; e quanto a seu filho Urbanidade, não obstante sua falsa aparência sorridente, não passa de um hipócrita que não pode ajudá-lo. Creia-me: nada há em todas essas bobagens que você ouviu desse insensato, a não ser o intento de afastá-lo de sua salvação, desviando-o do caminho no qual coloquei você.

Depois disso, Evangelista invocou do céu, em voz alta, a confirmação daquilo que dissera, e então saíram palavras e fogo da montanha sob a qual se achava o pobre Cristão, que ficou de cabelos arrepiados diante do espetáculo. As palavras foram estas: "Já os que se apoiam na prática da Lei estão debaixo de maldição, pois está escrito: 'Maldito todo aquele que não persiste em praticar todas as coisas escritas no livro da Lei'" (Gl 3.10).

Assim, Cristão nada mais esperava a não ser a morte, e lamentava-se deploravelmente, amaldiçoando até o momento em que encontrou o sr. Sábio-segundo-o-mundo, e ainda chamando-se mil vezes obtuso por ter dado ouvidos a seu conselho. Sentia-se também muito envergonhado, ponderando como os argumentos desse distinto senhor, oriundos que eram somente da carne, puderam prevalecer nele e levá-lo a abandonar o caminho reto. Isso feito, dirigiu-se novamente a Evangelista, dizendo:

Cristão — O que o senhor acha? Ainda há esperança? Será que posso voltar e seguir até a porta estreita? Não serei abandonado por isso, ou enviado de volta coberto de humilhação? Lamento muito ter dado ouvidos ao conselho desse homem, mas que meu pecado me seja perdoado.

Evangelista — O seu pecado é muito sério, pois você praticou dois males: abandonou o bom caminho e trilhou caminhos proibidos. Contudo, o homem que está à porta irá recebê-lo, pois demonstra boa vontade para com os homens.

Mas cuidado para não se desviar novamente, para não perecer pelo caminho quando em breve sua ira estiver acesa (Sl 2.12).

Então Cristão disse que voltaria, e Evangelista, depois de beijá-lo, sorriu-lhe, desejando-lhe sucesso. Cristão partiu apressado; não falou com homem algum pelo caminho e, se alguém o interpelava, tampouco lhe dava resposta.

Seguia como alguém que trilhasse sempre solo proibido, e não se julgou seguro enquanto não retomou o caminho que deixara para seguir o conselho do sr. Sábio-segundo-o-mundo.

4

Cristão chega finalmente à porta estreita

Cristão enfim alcançou a porta. Ora, acima do portão estava escrito: "Àquele que bate, a porta será aberta" (Mt 7.8). Portanto ele bateu, mais de uma ou duas vezes, dizendo:

> Posso entrar? Quem do outro lado está
> Que para um pobre homem a porta abrirá?
> Rebelde sei que sou, mas isto prometo:
> Louvá-lo para sempre com mil sonetos.

Afinal, apareceu à porta um homem circunspecto, de nome Boa Vontade, perguntando quem lá estava, de onde vinha e o que pretendia.

Cristão — Eis aqui um pobre pecador sobrecarregado. Venho da Cidade da Destruição, mas rumo para o monte Sião, para ali me libertar da ira que há de vir. Portanto, senhor, como fui informado de que por esta porta passa o caminho até lá, ouso pedir que me deixe passar.

Boa Vontade — É de todo o coração que o faço — disse ele, já abrindo a porta.

Então, quando Cristão entrava, o homem o puxou.

— Por que isso? — perguntou Cristão.

— A pouca distância daqui ergue-se um sólido castelo, capitaneado por Belzebu. De lá ele e os que o acompanham atiram flechas contra aqueles que chegam até esta porta, para que assim morram antes de entrar.

— Alegro-me e tremo.

Estando Cristão já lá dentro, o homem da porta lhe perguntou:

— Quem o mandou aqui?

Cristão — Evangelista mandou-me vir até aqui e bater, como fiz. Ele garantiu-me que o senhor me diria o que devo fazer.

Boa Vontade — Diante de você há uma porta aberta, que ninguém pode fechar (Ap 3.8).

Cristão — Agora começo a colher os benefícios dos riscos que corri.

Boa Vontade — Mas por que veio sozinho?

Cristão — Nenhum dos meus vizinhos viu, como eu, o perigo que correm.

Boa Vontade — Acaso alguém dentre eles soube de sua vinda?

Cristão — Sim, minha mulher e meus filhos me viram sair e me chamaram de volta. Também alguns de meus vizinhos ficaram lá gritando, chamando-me de volta; mas tapei os ouvidos e segui meu caminho.

Boa Vontade — Mas nenhum deles o seguiu para convencê-lo a voltar?

Cristão — Obstinado e Volúvel me seguiram. Porém, quando viram que não conseguiam me demover, Obstinado voltou praguejando, mas Volúvel acompanhou-me ainda um pouco.

Boa Vontade — Por que, então, ele não chegou até aqui?

Cristão — Na verdade, vínhamos juntos até chegarmos ao Pântano do Desânimo, onde caímos de repente. Então meu vizinho Volúvel desanimou-se e não quis aventurar-se além. Assim, saindo do pântano no lado mais próximo da sua casa, ele me disse que eu poderia tomar posse sozinho, por ele também, da terra magnífica. Então seguiu o seu caminho, e eu tomei o meu. Ele foi atrás de Obstinado, e eu vim até esta porta.

Boa Vontade — Pobre coitado. Será que ele tem a glória celeste em tão pouca estima que julgou não valer a pena enfrentar o risco de algumas dificuldades para alcançá-la?

Cristão — Certamente. Falei a verdade sobre Volúvel, mas também quero falar toda a verdade sobre mim, pois aí se verá que não sou nem um pouco melhor do que ele. É verdade que ele voltou para casa, mas também eu me desviei e tomei o caminho da morte. Fui convencido pelos argumentos mundanos de um certo sr. Sábio-segundo-o-mundo.

Boa Vontade — Ah, então ele o abordou! Ora, certamente ele o teria mandado buscar alívio pelas mãos do sr. Legalidade. Os dois são grandes enganadores. Mas então você aceitou seus conselhos?

Cristão — Aceitei, até onde me restou coragem. Saí à procura do tal sr. Legalidade, mas, chegando perto da casa dele, pensei que a montanha que se ergue ali fosse cair sobre mim, então fui forçado a parar.

Boa Vontade — Essa montanha já representou a morte de muita gente, e será ainda morte para muitos mais. Ainda bem que você não foi esmigalhado por ela.

Cristão — Bem, na verdade não sei o que seria de mim se, felizmente, Evangelista não tivesse me encontrado ali mais uma vez, quando eu já me via perdido. Mas foi por misericórdia divina que ele chegou até mim novamente, senão eu jamais teria chegado até aqui. Porém, aqui estou eu, que mais merecia a morte naquela montanha do que estar aqui conversando com o meu senhor. Quanta graça encontrei: ser-me permitido entrar aqui!

Boa Vontade — Não levantamos objeções contra ninguém. Pouco importa tudo o que tenham feito antes de chegar aqui, pois de modo nenhum são lançados fora (Jo 6.37). Sendo assim, meu bom Cristão, venha comigo que lhe ensinarei algo sobre o caminho que deve trilhar. Olhe à frente. Está vendo este caminho estreito? É este o caminho que deve tomar. Foi aberto pelos patriarcas, pelos profetas, por Cristo e seus apóstolos, e é tão reto quanto o pode fazer uma régua. É este o caminho que você deve seguir.

Cristão — Mas não há desvios nem curvas que me façam perder o caminho?

Boa Vontade — Há, sim, muitos caminhos que partem deste para baixo. São caminhos sinuosos e largos. Mas você poderá distinguir o errado do certo assim: só este é reto e estreito (Mt 7.13-14).

Então vi em meu sonho que Cristão lhe perguntava ainda se não poderia ajudá-lo a aliviar o fardo que trazia às costas, pois até então não se livrara dele, nem poderia de modo nenhum tirá-lo sem auxílio. Boa Vontade lhe disse:

— Quanto ao fardo, contente-se em carregá-lo, até chegar ao local da libertação, pois lá por si só cairá de suas costas.

Então Cristão se preparou para iniciar a caminhada. Boa Vontade disse-lhe que, estando já a certa distância da porta, chegaria à casa de Intérprete. Ali deveria bater, pois o anfitrião lhe mostraria coisas excelentes. Assim, Cristão despediu-se do amigo, que novamente lhe desejou boa sorte.

5

Cristão encontra-se com Intérprete

Cristão continuou seu caminho até chegar à casa de Intérprete, onde bateu à porta várias vezes. Por fim, alguém apareceu, perguntando quem era ele. Cristão identificou-se:

— Sou um viajante, senhor. Um conhecido do bom homem desta casa enviou-me aqui para o meu próprio bem. Gostaria, pois, de falar com o dono da casa.

Então o homem foi lá dentro chamar o dono da casa, que logo depois apareceu para falar com Cristão, perguntando-lhe o que queria.

Cristão — Senhor, venho da Cidade da Destruição e dirijo-me ao monte Sião. O homem que fica à porta me disse no início deste caminho que, se eu aqui batesse, o senhor me mostraria coisas excelentes, coisas que me seriam proveitosas na jornada.

Intérprete — Entre. Vou mostrar-lhe algo que lhe será proveitoso.

Mandou então seu servo acender a vela e fez sinal para que Cristão o acompanhasse. Levou-o a um aposento e mandou o servo abrir a porta. Feito isso, Cristão viu pendurado na parede o quadro de uma pessoa bastante séria. Era assim a sua aparência: os olhos estavam erguidos aos céus; nas mãos trazia o melhor dos livros; a lei da verdade lhe estava escrita nos lábios; o mundo estava às suas costas; pela postura parecia apelar aos homens; e da cabeça lhe pendia uma coroa de ouro.

Cristão — O que significa isso?

Intérprete — O homem cuja figura você está vendo é um dentre mil. Pode gerar filhos, dá-los à luz e ainda amamentá-los ele mesmo, depois. E se você o vê de olhos erguidos aos céus, com o melhor dos livros nas mãos e a lei da verdade gravada nos lábios, é para mostrar-lhe que o trabalho dele é conhecer e revelar coisas sombrias aos pecadores, como também apelar aos homens. Se você vê o mundo às costas dele e uma coroa pendendo de sua cabeça, isso é para mostrar-lhe que, desprezando e desdenhando as coisas presentes pelo amor com que serve ao seu Mestre, certamente terá por recompensa a glória, no mundo que há de vir.

— Ora — continuou ele —, mostrei-lhe primeiro este quadro porque o homem cuja figura você está vendo é o único homem a quem o Senhor do lugar para onde você está indo autorizou para guiá-lo em todos os lugares difíceis que você talvez encontre pelo caminho. Portanto, preste bastante atenção ao que lhe mostrei. Guarde bem o que você viu, para que não encontre, durante a sua jornada, alguém que finja estar encaminhando você ao rumo certo, quando na verdade o está levando à ruína e à morte.

Então Intérprete o tomou pela mão e o levou a uma sala bem grande, cheia de poeira, pois jamais era varrida. Depois de examiná-la, Intérprete mandou um homem varrê-la. Ora, começando ele a varrer, o pó ergueu-se tão abundantemente que Cristão quase sufocou. Disse então Intérprete a uma jovem que estava ali ao lado:

— Traga água e borrife um pouco na sala.

Feito isso, a sala pôde ser varrida e limpa com alegria.

Cristão — O que significa isso?

Intérprete — Esta sala é o coração do homem que jamais foi santificado pela doce graça do evangelho. A poeira é seu pecado original e as corrupções mais íntimas que macularam todo o homem. Aquele que começou a varrer primeiro é a lei, mas a que trouxe água e a borrifou é o evangelho. Ora, você mesmo viu que, assim que o homem começou a varrer, a poeira levantou, tornando impossível limpar a sala. Você quase sufocou. Isso foi para mostrar-lhe que a lei, em vez de limpar (pela sua ação) o pecado do coração, na verdade o faz reviver, o fortalece e o amplia na alma, ainda que o revele e proíba, pois não dá força para que seja subjugado.

— Depois — disse ainda — você viu a jovem borrifar a sala com água, podendo então limpá-la com satisfação. Isso é para mostrar-lhe que, quando o evangelho entra no coração com sua influência doce e inestimável, o pecado é conquistado e subjugado, da mesma forma como você viu a jovem fazer baixar a poeira borrifando o chão com água. A alma se faz limpa pela fé, preparando-se consequentemente para que o Rei da Glória a habite.

Vi ainda em meu sonho que Intérprete tomou Cristão mais uma vez pela mão e o levou a um quarto apertado, onde se viam dois menininhos sentados, cada qual em sua cadeira. O nome do mais velho era Paixão, e o outro chamava-se Paciência. Paixão parecia muito insatisfeito, mas Paciência permanecia bem tranquilo. Então perguntou Cristão:

— Qual o motivo do descontentamento de Paixão?

— Seu tutor quer que ele espere, que as melhores coisas lhe virão no início do ano que vem. Mas ele as quer agora. Paciência, no entanto, se dispôs a aguardar.

Vi então que alguém se aproximou de Paixão e, trazendo-lhe um saco, derramou um tesouro a seus pés. Ele o tomou, alegrou-se e ainda riu-se de Paciência, zombeteiro. Continuei a observar e notei que Paixão logo dissipou tudo, nada lhe restando senão farrapos.

— Explique-me melhor esse assunto — pediu Cristão a Intérprete.

Intérprete — Esses dois meninos são simbólicos: Paixão representa os homens deste mundo, e Paciência, os homens do mundo que há de vir. Pois, como você está vendo aqui, Paixão quer tudo agora, este ano, ou seja, neste mundo. São assim os homens deste mundo; eles precisam ter todas as boas coisas agora; não podem aguardar até o ano que vem, ou seja, até o mundo vindouro, para receber o seu quinhão de benefícios. O provérbio "mais vale um pássaro na mão que dois voando" tem para eles mais autoridade que todos os testemunhos divinos do bem do mundo que há de vir. Mas, como você mesmo viu, Paixão esbanjou tudo rapidamente, e nada lhe restou agora senão farrapos. Assim acontecerá aos homens desse tipo no fim deste mundo.

Cristão — Agora vejo que Paciência exibe a sabedoria mais perfeita, e isso por duas razões. Primeiro, porque aguarda as melhores coisas. E, segundo, porque também terá a glória, enquanto ao outro nada resta senão farrapos.

Intérprete — Você pode acrescer ainda esta outra: a glória do mundo vindouro jamais se gastará, mas as daqui subitamente passam. Sendo assim, Paixão não teve tanto motivo para rir de Paciência só por ter recebido as boas coisas primeiro. Quanto a Paciência, terá de rir-se de Paixão por receber as melhores coisas por último, pois o primeiro precisa dar lugar ao último, já que o último também terá a sua hora. O último, porém, não cede o lugar a ninguém, pois não há quem venha depois dele. Aquele, portanto, que recebe primeiro o seu quinhão deve sem dúvida ter a oportunidade de gastá-lo; porém, aquele que receber a sua porção por último a terá para sempre. Logo, diz-se do rico: "Durante a sua vida você recebeu coisas boas, enquanto que Lázaro recebeu coisas más. Agora, porém, ele está sendo consolado aqui e você está em sofrimento" (Lc 16.25).

Cristão — Então percebo que não é melhor cobiçar as coisas que hoje existem, mas esperar pelas que virão.

Intérprete — Você diz a verdade, "o que se vê é transitório, mas o que não se vê é eterno" (2Co 4.18). Ainda assim, como as coisas presentes e nosso desejo carnal são vizinhos tão próximos um do outro, e como as coisas que virão e o sentido carnal são tão estranhos um para o outro, é natural que aqueles se tornem tão rapidamente amigos, e que a distância entre eles se mantenha.

Então vi em meu sonho que Intérprete tomava Cristão pela mão e o levava a um lugar onde se via uma fogueira ardendo diante de uma parede. Ali havia alguém que não saía de perto, jogando sempre muita água na fogueira com a intenção de apagá-la. Mas as chamas aumentavam e ficavam cada vez mais quentes.

— O que significa isso? — perguntou Cristão.

— Esta fogueira — respondeu Intérprete — é a obra da graça que se opera no coração. Aquele que joga a água, tentando apagá-la e extingui-la, é o Diabo; mas você pode ver que o fogo, assim mesmo, fica sempre maior e mais quente. Você também verá a razão disso.

Então ele o levou para trás da parede, onde se via um homem com um vaso de óleo nas mãos. Ele, em segredo, derramava continuamente óleo no fogo. Cristão perguntou:

— O que isso significa?

— Este é Cristo, que continuamente, com o óleo de sua graça, mantém viva a obra já iniciada no coração, e por meio dessa obra, a despeito de tudo o que pode fazer o Diabo, as almas dos crentes se provam piedosas. Mas você observou também que o homem fica atrás da parede para alimentar o fogo. Isso é para ensinar-lhe que é difícil para aquele que é tentado ver como essa obra graciosa se conserva na alma.

Vi também que Intérprete tomava-o novamente pela mão, levando-o até um lugar agradável, onde se erguia um imponente castelo, belo de admirar. Cristão exultou diante da visão. Viu ele também que, no terraço do castelo, algumas pessoas caminhavam, vestidas todas de ouro.

— Podemos entrar? — perguntou Cristão.

Intérprete então o tomou pela mão e o levou até a porta do castelo, e eis que, à porta, havia um grande ajuntamento de homens, todos desejosos de entrar. Nenhum deles, porém, ousava fazê-lo. Ali também estava sentado um homem, a pouca distância da porta, ao lado de uma mesinha, e sobre esta se via um tinteiro e um livro, no qual ele anotava o nome daquele que haveria de entrar.

Cristão viu também que no vão da porta havia muitos homens que, trajando armaduras, barravam a passagem, determinados a fazer todo dano e mal que pudessem àquele que tentasse entrar. Cristão ficou ali absorto. Por fim, quando todos começaram a recuar com medo dos homens armados, Cristão viu um homem de semblante bem resoluto aproximar-se do que estava sentado escrevendo e disse:

— Anote o meu nome, senhor.

Viu então que o homem desembainhava a espada e colocava um capacete na cabeça, avançando rumo à porta, contra os homens armados, que sobre ele caíram com força mortal. O homem, porém, não se deixou esmorecer e, mesmo caído, golpeava e talhava ferozmente. Assim, depois de ser ferido e ferir muitos dos homens que tentavam evitar a sua entrada, conseguiu abrir caminho em meio a todos eles, entrando no palácio.

Ouviu-se, então, uma bela voz vinda dos que estavam lá dentro, dos três mesmos que caminhavam no terraço do palácio, e dizia:

> Entre, entre;
> Glória aqui você terá para sempre.

Então ele entrou e se vestiu com os mesmos trajes dos outros. Cristão sorriu e disse:

— Na verdade, acho que já sei o significado disso. Agora, deixe-me seguir adiante.

— Não, fique aqui — exclamou Intérprete — até que eu lhe mostre um pouco mais. Depois você poderá seguir o seu caminho.

Então Intérprete novamente o tomou pela mão e o levou a um recinto muito escuro, onde se via um homem sentado atrás de grades de ferro.

Ora, o homem parecia muito triste. Estava ali sentado com os olhos pregados no chão, as mãos unidas, e suspirava como se trouxesse o coração amargurado. Disse Cristão:

— O que significa isso?

Intérprete pediu-lhe que conversasse com o homem.

— O que você é? — perguntou Cristão.

— Sou o que antes não era — respondeu o homem.

Cristão — O que você era?

Homem — Antes era um professor formoso e bem-sucedido, tanto aos meus próprios olhos quanto aos olhos dos outros. Pensava que estava destinado a subir até a Cidade Celestial, e até me alegrava diante da ideia de que lá chegaria.

Cristão — Sim, mas o que você é agora?

Homem — Hoje sou um homem desesperado, e no desespero estou preso, como nessas grades de ferro. Não posso sair. Ah, já não posso mais.

Cristão — Mas como é que você chegou a esta condição?

Homem — Deixei de vigiar, de me manter sóbrio. Larguei as rédeas no pescoço das minhas paixões. Pequei contra a luz da palavra e a bondade de Deus. Entristeci o Espírito, e ele se foi. Tentei o Diabo, e ele me veio. Provoquei a ira de Deus, e ele me abandonou. Tanto endureci o meu coração que já não posso me arrepender.

— Mas então não há esperança para um homem como este — disse Cristão a Intérprete.

— Pergunte a ele.

Cristão — Então não há esperança? Você tem de continuar preso atrás dessas grades de ferro, em desespero?

Homem — Esperança nenhuma.

Cristão — Por quê? Se o Filho do Bem-Aventurado é especialmente misericordioso?

Homem — Eu o crucifiquei de novo para mim mesmo; desprezei a sua pessoa; desdenhei da sua justiça; tive o seu sangue como coisa ímpia; ultrajei o Espírito da graça (Hb 10.29). Portanto, distanciei-me de todas as promessas, e agora nada me resta senão ameaças, terríveis ameaças, temíveis ameaças de segura condenação e feroz indignação, que me devorarão como a um adversário.

Cristão — Por que razão você se deixou cair em tal estado?

Homem — Pelas paixões, pelos prazeres e proveitos deste mundo, e ao gozá-los prometi a mim mesmo muito deleite.

Mas agora cada uma dessas coisas me rói e me atormenta como vermes ardentes.

CRISTÃO — Mas você não pode se arrepender e voltar atrás?

HOMEM — Deus me negou o arrependimento. Sua Palavra não me encoraja a crer. Sim, ele mesmo me trancou atrás destas grades de ferro, e nem todos os homens do mundo podem me libertar. Ah, eternidade, eternidade! Como lutar contra a miséria que me aguarda na eternidade?

— Lembre-se da miséria deste homem. Que isto lhe sirva de alerta incessante — disse Intérprete a Cristão.

CRISTÃO — Bem, isso é terrível. Deus me ajude a vigiar, a ter comedimento e a orar para evitar a causa da miséria deste homem. Senhor, já não é hora de eu retomar o meu caminho?

INTÉRPRETE — Espere. Quero mostrar-lhe ainda outra coisa. Depois poderá seguir o seu caminho.

Assim, novamente ele tomou Cristão pela mão e o levou a uma câmara, onde alguém se erguia da cama e, vestindo as roupas, tremia e estremecia. Admirou-se Cristão:

— Por que este homem treme tanto?

Intérprete mandou que o homem contasse a Cristão por que agia assim. Ele tomou a palavra e disse:

— Esta noite, estando eu dormindo, sonhei, e eis que os céus ficaram profundamente negros. Também trovejava e relampejava do modo mais terrível, tanto que entrei em agonia. Em meu sonho, ergui os olhos e vi o vento soprando as nuvens de uma maneira estranha. Ouvi depois um grande clangor de trombeta, e vi também um homem sentado sobre uma nuvem, servido pelos milhares dos céus, todos envoltos em chamas ardentes, assim como também os céus. Ouvi então uma voz que dizia: "Levantai, mortos, e venham ao juízo". Diante disso as rochas se fenderam, os sepulcros se abriram e os mortos que lá estavam saíram. Alguns deles se mostravam incrivelmente contentes e olhavam para o alto. Alguns procuravam se esconder sob as montanhas. Então olhei para o homem que estava sentado sobre a nuvem e o vi abrir o livro, convocando o mundo para junto de si. Porém, por força de uma labareda ardente que emanava dele, havia uma distância conveniente entre ele e os outros, como entre o juiz e os prisioneiros em um tribunal.

— Também ouvi — continuou ele — forte clamor proclamar aos que serviam o homem sentado na nuvem: "Ajuntem o joio, a palha e o restolho, e lancem tudo no lago de fogo". E imediatamente se abriu o abismo sem fundo, bem abaixo de onde eu me encontrava, e lá de dentro jorravam brasas ardentes e fumaça, acompanhadas de sons horripilantes. Às mesmas pessoas se disse: "Recolham o trigo no meu celeiro" (Lc 3.17; Mt 3.12). Com isso, vi muitos serem arrebatados e alçados às nuvens. Mas eu fiquei. Também procurei eu mesmo me esconder, mas não conseguia, pois o homem sobre a nuvem não tirava os olhos de mim. Meus pecados também me vieram à mente, e a minha consciência me acusava a cada passo. Foi aí que acordei.

Cristão — Mas o que foi que o deixou com tanto medo dessa visão?

Homem — Ora, pensei que o dia do juízo chegara, e que eu não estava pronto para ele. Mas isso muito me apavorou, pois os anjos arrebataram várias pessoas e me deixaram para trás. Além disso, o abismo do inferno abriu-se bem onde eu estava. Minha consciência também me afligia no íntimo; e, enquanto eu pensava essas coisas, o juiz não tirava os olhos de mim, revelando indignação no semblante.

Em seguida, Intérprete disse a Cristão:

— Você já refletiu sobre todas essas coisas?

Cristão — Já, e elas me incutem esperança e medo.

Intérprete — Bom, lembre-se bem de tudo isso, para que lhe seja espinho na carne, que o faça avançar pelo caminho que você deve seguir.

Então Cristão foi se aprontar para retomar a jornada. Mas Intérprete ainda lhe disse:

— O Consolador esteja sempre com você, bom Cristão, para guiá-lo pelo caminho que conduz à Cidade.

Assim partiu Cristão, dizendo:

Coisas raras e proveitosas vi;
Coisas agradáveis, temíveis; e que o que vi aqui
Me fortaleça naquilo que me propus fazer.
Que eu nelas pondere para compreender
Por que me foram mostradas, e que seja eu,
Ó bom Intérprete, grato ao conselho teu.

6

Cristão chega à cruz e livra-se do fardo

Em meu sonho, vi que a estrada pela qual Cristão havia de seguir era murada dos dois lados, e o muro chamava-se Salvação. Por esse caminho, portanto, corria o sobrecarregado Cristão, mas não sem grandes dificuldades, por causa do fardo às suas costas.

Correu assim até alcançar um local íngreme, no alto do qual se erguia uma cruz, e pouco abaixo, no vale, um sepulcro. Vi em meu sonho que, assim que Cristão chegou à cruz, seu fardo, afrouxando, escorregou-lhe pelos ombros, caiu-lhe das costas e, tombando, foi descendo até a entrada do sepulcro, onde caiu, e não mais o enxerguei.

Então ficou Cristão alegre e aliviado, e disse de coração exultante:

— Ele me deu repouso, pela sua angústia, e pela vida, e pela morte.

E ali permaneceu algum tempo, olhando e admirando-se, pois ficara muito surpreso ao perceber que a visão da cruz o aliviava assim de seu fardo. Olhou, portanto, e olhou novamente, até que as fontes de sua cabeça manassem água, que lhe escorria pelo rosto.

Estando Cristão a olhar e chorar, eis que três seres resplandecentes se aproximaram dele, e o saudaram dizendo:

— A paz seja contigo.

E o primeiro lhe disse:

— Os seus pecados estão perdoados (Mc 2.5).

O segundo o despiu dos farrapos e o vestiu com nova muda de roupas (Zc 3.3-5). O terceiro ainda gravou-lhe um sinal na testa, deu-lhe um rolo com um selo e mandou Cristão observá-lo durante o caminho, devendo entregá-lo no Portão Celestial. Os três então partiram. Cristão deu três saltos de alegria, e seguiu cantando:

> Sobrecarregado de pecados até aqui vim
> Nem pude aliviar o pesar, pesar sem fim,
> Que até aqui trazia. Ah, lugar ditoso!
> Início será de viver venturoso?
> Será que aqui o fardo das costas me cairá?
> Aqui a amarra que a mim o prende romperá?
> Bendita cruz! Bendito sepulcro! Seja exaltado
> O Homem que por mim foi humilhado.

7

Cristão sobe o Desfiladeiro da Dificuldade

Vi então em meu sonho que Cristão prosseguiu até afinal chegar a um vale, onde avistou, ao longo do caminho, três homens profundamente adormecidos, com grilhões nos tornozelos. O nome de um deles era Simplório; outro se chamava Indolência; e o terceiro, Presunção.

Cristão, vendo-os deitados assim, aproximou-se deles para ver se, quem sabe, os acordava. Então, bradou:

— Vocês acaso são como os que dormem no alto do mastro (Pv 23.34)? Pois o mar Morto está debaixo de vocês, abismo sem fundo. Despertem, portanto, e venham; caso se mostrem dispostos, também posso ajudá-los a livrar-se das cadeias. Se aquele que espreita como leão rugidor passar por aqui, certamente vocês serão presas fáceis de suas garras (1Pe 5.8).

Ouvindo isso, abriram os olhos e responderam assim:

— Não vejo perigo — disse Simplório.

— Quero dormir só um pouco mais — falou Indolência.

— Toda pipa deve ficar de pé sobre o próprio fundo; que outra resposta devo dar-lhe? — acrescentou Presunção.

Assim, voltaram a dormir, e Cristão seguiu caminho.

Perturbou-se, porém, ao pensar que os homens expostos a tal perigo pudessem estimar tão pouco a bondade daquele que tão graciosamente lhes oferecia auxílio, tanto por despertá-los como por aconselhá-los, oferecendo-se também para ajudá-los a livrar-se dos grilhões.

Estando Cristão ainda ali, preocupado, vislumbrou dois homens pulando o muro pelo lado esquerdo do estreito caminho; e o alcançaram, pondo-se ao lado dele. O nome do primeiro era Formalista, e o segundo chamava-se Hipocrisia. Assim, como eu já disse, aproximaram-se, e Cristão pôs-se a conversar com eles:

Cristão — De onde vêm os cavalheiros, e para onde vão?

Formalista e Hipocrisia — Nascemos na Terra da Vanglória, e vamos louvar no monte Sião.

Cristão — Por que não vieram pela porta que fica no começo do caminho? Os senhores porventura não sabem que está escrito que aquele que entra, não pela porta, mas sobe por outra parte qualquer, é ele mesmo ladrão e salteador (Jo 10.1)?

Formalista e Hipocrisia — Soubemos que toda a gente daqui achava que ir até a porta só para entrar era perda de tempo, e que, portanto, a maneira habitual era tomar um atalho e pular o muro, como eles já haviam feito.

Cristão — Mas, violando assim a vontade revelada do Senhor da cidade para a qual seguimos, será que ele não os terá como transgressores?

Formalista e Hipocrisia — Disseram-lhes que, quanto a isso, eles não precisavam se preocupar; pois o que fizeram é seu costume, e podem apresentar testemunho, se necessário for, de que isso já acontece há mais de mil anos.

Cristão — Será que essa sua prática resistirá a um julgamento perante a lei?

Formalista e Hipocrisia — Disseram que esse costume, sendo de tão longa data, mais de mil anos, sem dúvida seria admitido como ato legal por qualquer juiz imparcial. E, além disso, se estamos aqui no caminho, que diferença faz se chegamos por esta ou aquela entrada? Se estamos aqui, estamos e pronto. Você está no caminho e, pelo jeito, entrou pela porta; mas nós que pulamos o muro também estamos no caminho. Em que aspecto é a sua condição melhor que a nossa?

Cristão — Eu caminho segundo a regra do meu Mestre; vocês caminham segundo o rude raciocínio de suas fantasias. Vocês já são tidos como ladrões pelo Senhor do caminho; portanto, duvido que ao final venham a ser tidos como homens verdadeiros. Entraram por conta própria, sem a orientação dele, e seguirão por conta própria, sem a misericórdia dele.

Ouvindo isso, pouco argumentaram; mandaram apenas que Cristão cuidasse de sua vida. Vi então que prosseguiam, cada qual em seu caminho, sem muita conversa. Os dois homens, porém, disseram a Cristão que não duvidavam de leis e mandamentos, mas que os cumpririam tão conscienciosamente quanto ele. Logo, falaram:

— Não vemos em que você difere de nós, senão pela capa que traz às costas, que, supomos, lhe foi dada por alguns de seus vizinhos para esconder a vergonha da sua nudez.

Cristão — Por leis e mandamentos vocês não serão salvos, pois não entraram pela porta. Quanto a esta capa que trago às costas, foi-me dada pelo Senhor do lugar para onde vou, como vocês dizem, para cobrir a minha nudez. E a tenho como sinal da bondade dele para comigo, pois antes nada tinha senão trapos; além do mais, assim me consolo pelo caminho. Certamente, creio eu, quando chegar ao portão da cidade, o Senhor de lá me reconhecerá como um dos seus, pois trago a sua capa às costas, que ele me deu gratuitamente no dia em que me despi dos meus trapos.

— Tenho, além disso, um sinal na testa — continuou Cristão — do qual talvez vocês ainda não tenham se dado conta. Um dos companheiros mais íntimos do meu Senhor gravou esse sinal aqui no dia em que meu fardo me caiu dos ombros. Digo-lhes, ainda, que me foi dado na ocasião um rolo selado, para eu me consolar pelo caminho com sua leitura. Recebi também ordens de entregá-lo no Portão Celestial, como sinal da certeza de que poderei entrar; tudo isso são coisas que duvido que delas vocês sintam falta e as desejem, pois não entraram pela porta.

A essas palavras não tiveram resposta; apenas entreolharam-se e riram. Então vi que seguiram caminho eles todos, exceto Cristão, que se retardou, pois já não tinha o que conversar com eles, e agora só falava consigo, às vezes suspirando, às vezes aliviado. Também muitas vezes lia o rolo que um dos seres resplandecentes lhe dera, com o que se revigorava.

Acho então que eles todos prosseguiram até chegar ao sopé de um morro, onde, na baixada, via-se uma fonte. Também no mesmo lugar havia dois outros caminhos além daquele que, reto, provinha da porta; um guinava à esquerda, o outro à direita, ao sopé do morro; mas o caminho estreito seguia diretamente morro acima (e o nome da subida pela encosta do morro se chama Dificuldade). Cristão caminhou até a fonte e bebeu um pouco d'água para refrescar-se; logo depois, começou a subir o morro, dizendo:

> Embora alto, pretendo, sim, subir este morro;
> Não, a Dificuldade não me deterá. Eu corro,
> Pois vejo que passa aqui o caminho da vida.
> Ânimo, coração; não tema nem esmoreça na subida.
> Melhor, mesmo difícil, é tomar o caminho certo;
> Pois o errado, embora fácil, leva à perdição do deserto.

Os outros dois homens também chegaram ao sopé do morro. Quando viram, porém, que a subida era íngreme e longa, e que havia dois outros caminhos a tomar, e supondo também que os dois caminhos pudessem se encontrar do outro lado do morro com aquele que Cristão tomara, resolveram então seguir essas trilhas incertas. Ora, o nome de uma delas era Perigo, e a outra se chamava Destruição. Assim, um deles tomou o caminho chamado Perigo, que o levou até uma grande mata; e o outro seguiu diretamente o caminho rumo à Destruição, que o levou a uma vasta região repleta de montanhas sombrias, onde tropeçou e caiu, para não mais se erguer.

Procurei então Cristão com o olhar, para vê-lo subindo o morro. Percebi que, se antes corria, passara a caminhar, e depois a escalar apoiado nas mãos e nos joelhos, tão íngreme era a subida. Ora, mais ou menos a meio caminho do cume havia um caramanchão aprazível, feito pelo Senhor do morro para descanso dos exaustos viajantes.

Chegando ali, Cristão sentou-se para descansar. Tirou o rolo que guardara junto ao peito e leu para consolar-se. Passou também a examinar mais detidamente a capa ou veste que recebera diante da cruz, deleitando-se assim um pouco. Por fim, deixou-se vencer pelo cansaço e cochilou, logo caindo em sono profundo, o que o deteve ali até quase a noite. Durante o sono o rolo lhe caiu da mão. Mas, estando ainda adormecido, alguém dele se aproximou e o despertou, dizendo:

— "Observe a formiga, preguiçoso, reflita nos caminhos dela e seja sábio!" (Pv 6.6).

Diante disso Cristão, súbito, retomou a subida, apressando-se pelo caminho até chegar ao cume do morro. Chegando enfim ao topo, dois homens vieram correndo ao seu encontro; um deles se chamava Hesitante, e o outro, Desconfiança. Cristão disse a eles:

— Senhores, por que estão correndo na direção errada?

Hesitante disse que estava indo para a Cidade de Sião, e que subira até aquele lugar difícil.

— Mas — continuou —, quanto mais você avança, mais perigo encontra, e por isso estamos voltando.

— Isso mesmo — disse Desconfiança —, pois bem à nossa frente, no meio do caminho, vimos dois leões deitados. Não sabemos se estavam dormindo ou despertos; só pensamos que, se chegássemos mais perto, eles imediatamente iriam nos estraçalhar.

— Vocês me deixam com medo — disse Cristão —, mas para onde devo fugir em busca de refúgio? Se voltar para a minha terra, sei que ela está reservada para o fogo e o enxofre; e ali certamente morrerei. Se conseguir chegar à Cidade Celestial, tenho certeza de que lá estarei seguro. Tenho de arriscar:

voltar é morte certa, mas avançar é o medo da morte, e a vida eterna jaz além. Por isso, vou prosseguir.

Assim, Desconfiança e Hesitante desceram o morro correndo, e Cristão seguiu caminho. Ponderando novamente o que ouvira dos homens, apalpou o peito em busca do rolo, para ler e confortar-se. Apalpando, porém, não o encontrou. Então Cristão se viu em grande angústia, sem saber o que fazer, pois desejava aquilo que costumava aliviá-lo, e que seria também seu passe para a Cidade Celestial.

Bastante confuso, não sabia que rumo tomar. Lembrou-se, por fim, de que dormira debaixo do caramanchão na encosta do morro e, caindo de joelhos, pediu a Deus perdão pelo seu ato insano e voltou para procurar o rolo. Mas, nesse caminho de volta, quanto pesar Cristão não trazia no peito? Por vezes suspirava, por vezes chorava, e repetidamente se repreendia por ter sido insensato a ponto de adormecer no lugar que foi feito só para breve descanso do viajante.

Voltou, assim, tomando o cuidado de esquadrinhar o caminho com os olhos, de um lado e de outro, na esperança de achar o rolo que tantas vezes lhe servira de consolo na jornada. Desceu até novamente enxergar o caramanchão, onde se sentara e dormira, mas a visão renovou-lhe o pesar, trazendo-lhe à mente, com força redobrada, a insensatez de ter adormecido.

Descia assim lamentando aquele sono pecaminoso, e dizia:

— Ah, desventurado homem que sou (Rm 7.24) por ter dormido durante o dia! Por ter dormido em meio à Dificuldade! Por ter cedido assim ao desejo da carne, por ter usado o descanso para aliviar a carne, quando o Senhor do morro o fizera somente para alívio do espírito dos peregrinos! Quantos passos não dei em vão! (O mesmo aconteceu aos israelitas por causa do seu pecado, pois foram enviados de volta pelo caminho do mar Vermelho.) Tenho agora de trilhar esse caminho com pesar, enquanto poderia trilhá-lo com alegria, não fora esse sono pecaminoso. Quanto já não poderia ter avançado no caminho em todo esse tempo! Tenho de repisar os mesmos passos três vezes, caminho que podia ter trilhado uma só vez. Sim, agora é provável também que a noite me apanhe, pois o dia está quase no fim. Ah, quem dera não ter dormido!

Por fim, alcançou novamente o caramanchão, onde por algum tempo ficou sentado chorando, mas afinal (como tanto ansiava), olhando pesarosamente debaixo do banco, ali enxergou o rolo, que logo pegou com afã e tremor, guardando-o novamente junto ao peito. Quem saberia dizer quanta alegria não sentia esse homem por recuperar o rolo! Pois era certeza de vida e garantia de aceitação no desejado céu. Assim, guardou-o junto ao peito, deu graças a Deus por ter guiado seu olhar ao lugar onde estava e, com alegria e lágrimas, retomou a jornada.

Mas, ah!, com que ligeireza não subiu o caminho até o cume! Porém, antes de lá chegar, o sol já se pusera, e isso o fez lembrar a futilidade de seu sono, e assim novamente se pôs a condoer-se: “Ah, sono pecaminoso! Por sua causa, então, a noite me surpreende no meio da jornada! Tenho de prosseguir sem o sol, as trevas devem cobrir os meus passos, e ouvirei os lúgubres ruídos das criaturas da noite, tudo por causa desse sono pecaminoso!”.

Agora também se lembrava da história que Desconfiança e Hesitante lhe haviam contado, quanto se apavoraram ao ver os leões. Então novamente pensou Cristão consigo: “Esses animais saem à noite em busca das presas, e se me encontrarem no escuro, como poderei escapar? Como evitar ser estraçalhado por eles?”.

Assim seguiu seu caminho, mas enquanto lamentava seu deplorável deslize, ergueu os olhos e eis que diante dele, bem ao lado do caminho, erguia-se um palácio muito imponente, e seu nome era Belo.

8

Cristão encontra os leões e chega ao Palácio Belo

Em meu sonho, vi que ele apertou o passo e seguiu em frente, pensando em talvez arrumar pousada ali. Ora, logo adiante entrou por uma passagem bastante estreita, e dali avistou, cerca de duzentos metros à frente, a casa do porteiro. Mas avançava com cuidado, observando atento o caminho, e logo avistou dois leões. "Agora"; pensou consigo, "vejo os perigos que fizeram Desconfiança e Hesitante voltar por onde vieram" (os leões estavam acorrentados, mas ele não via as correntes).

Então teve medo, e cogitou também voltar como os outros dois, pois acreditava piamente que a morte o esperava adiante. Mas o porteiro, que se chamava Vigilante, percebendo que Cristão estacara, como se quisesse voltar, gritou-lhe dizendo:

— É sua força assim tão pouca? Não tema os leões, pois estão acorrentados e foram colocados aqui para testar a fé dos que a têm e para revelar aqueles que não a têm. Mantenha-se no meio do caminho, e nada sofrerá.

Vi então que ele avançava, tremendo de medo dos leões, mas bem atento às orientações do porteiro. Ouviu o rugido das feras, mas elas não o tocaram. Então bateu palmas e seguiu adiante até alcançar o portão onde estava o porteiro. Disse Cristão:

— Senhor, que casa é esta? Posso passar a noite aqui?

— Esta casa foi construída pelo Senhor do morro, e ele a ergueu para alívio e segurança dos peregrinos — respondeu o porteiro, que também lhe perguntou de onde vinha e para onde ia.

Cristão — Venho da Cidade da Destruição e sigo para o monte Sião, mas como o sol já se pôs, pretendo, se puder, pousar esta noite aqui.

Porteiro — Qual é o seu nome?

Cristão — Meu nome é Cristão, mas antes eu me chamava Desditoso. Procedo da linhagem de Jafé, a quem Deus convenceu a habitar nas tendas de Sem.

Porteiro — Mas por que é que você chegou tão tarde, já posto o sol?

Cristão — Eu teria chegado mais cedo, mas, ah, como sou desventurado! Dormi debaixo do caramanchão ali na encosta do morro. Mesmo assim, se fosse só isso, eu teria chegado aqui bem mais cedo, só que durante o sono perdi meu testemunho, e sem ele vim até o cume do morro. Depois o procurei e, não o encontrando, me vi forçado, com pesar no coração, a voltar ao lugar onde dormi, e ali o encontrei. Por isso só chego agora.

Porteiro — Bom, vou chamar uma das virgens da casa, e ela, caso se agrade de sua conversa, o levará ao resto da família, segundo as regras da casa.

O porteiro Vigilante tocou um sino. Logo depois surgiu à porta da casa uma donzela linda e séria, de nome Discrição, perguntando por que fora chamada.

— Este homem vem da Cidade da Destruição e segue rumo ao monte Sião, mas está exausto e, surpreendido pela noite, pediu-me pouso. Disse-lhe, então, que a chamaria e que, depois de conversar com ele, você faria o que lhe parecesse melhor, segundo a lei da casa.

Então ela perguntou a Cristão de onde vinha e para onde ia, e ele lhe respondeu. Perguntou-lhe também como entrara no caminho, e ele lhe respondeu. Depois ela quis saber o que vira e com o que deparara no caminho, e ele lhe contou. Por fim, perguntou o nome dele, ao que respondeu:

— Cristão. Meu desejo de pousar aqui é ainda maior porque, pelo que percebo, este lugar foi construído pelo Senhor do morro para alívio e segurança dos peregrinos.

Ela então sorriu, mas de seus olhos brotavam lágrimas. Após breve pausa, disse:

— Vou chamar mais algumas pessoas da família.

E, correndo até a porta, chamou Prudência, Piedade e Caridade, que, depois de mais alguma conversa com ele, o aceitaram na família. Muitos dos que o receberam à porta da casa diziam:

— Entre, bendito do Senhor. Esta casa foi construída pelo Senhor do morro com o propósito de abrigar os peregrinos.

Ele então inclinou a cabeça, em respeito, e seguiu-as para dentro da casa. Já lá dentro, sentado, deram-lhe algo de beber e decidiram em consenso que, até estar pronta a ceia, alguns deles teriam uma conversa particular com Cristão, para melhor aproveitamento do tempo. Designaram Piedade, Prudência e Caridade para a tarefa, e começaram assim:

Piedade — Meu bom Cristão, já que fomos tão amáveis com você, recebendo-o em nossa casa esta noite, que tal conversarmos sobre tudo o que lhe aconteceu em sua peregrinação? Creio que isso será proveitoso para todos nós.

Cristão — É de muito bom grado que o faço, e com satisfação vejo quanta bondade vocês têm para comigo.

Piedade — Afinal, o que o motivou a lançar-se à vida de peregrino?

Cristão — Saí da minha terra natal em virtude de um alerta terrível que me soava aos ouvidos: que uma destruição inevitável pairava sobre mim se permanecesse naquele lugar.

Piedade — Mas por que você saiu da sua terra justamente por este caminho?

Cristão — Foi vontade de Deus, pois, quando os temores da destruição me atormentavam, não sabia aonde ir. Mas por acaso veio ter comigo um homem (quando eu me achava tremendo e chorando), de nome Evangelista, que me orientou rumo à porta estreita e assim me colocou no caminho que veio dar diretamente nesta casa. Sem a ajuda dele, sei que jamais teria tomado este caminho.

Piedade — Mas você não passou pela casa de Intérprete?

CRISTÃO — Sim, e lá vi coisas cuja lembrança permanecerá comigo enquanto eu viver, especialmente três delas: que Cristo, apesar de Satanás, conserva no coração sua obra da graça; que o homem pecou tanto que, para ele, não há esperança além da misericórdia divina; e também o relato daquele que pensou, sonhando, ter chegado o Dia do Juízo.

PIEDADE — Por quê? Ele lhe contou seu sonho?

CRISTÃO — Sim, e que sonho horrível, pensei. Deu-me uma dor no coração enquanto ele me contava o sonho, mas mesmo assim estou feliz por tê-lo ouvido.

PIEDADE — E isso foi tudo o que você viu na casa de Intérprete?

CRISTÃO — Não, ele me levou para um lugar de onde me mostrou um palácio imponente, e lá dentro as pessoas trajavam ouro. Chegou por lá um homem ousado, que abriu caminho pelos guardas armados que vigiavam a porta e tentavam impedi-lo. Esse homem foi convidado a entrar para receber glória eterna. Acho que essas coisas me arrebataram o coração. Eu bem poderia ter ficado na casa daquele bom homem um ano inteiro, mas sabia que tinha de seguir viagem.

PIEDADE — E o que mais você viu pelo caminho?

CRISTÃO — O que vi? Bom, avancei um pouco mais e vi aquele que, como eu imaginava, pendia do madeiro, sangrando. A mera visão dele fez o fardo cair das minhas costas (pois eu gemia debaixo de um fardo extenuante, mas então me vi livre dele). Para mim foi algo esquisito, pois jamais vira isso antes. Sim, e enquanto eu estava ali de pé olhando para cima (porque não conseguia tirar os olhos dele), aproximaram-se de mim três seres resplandecentes. Um deles testificou que meus pecados estavam perdoados; outro tirou-me os farrapos e deu-me esta capa bordada que você vê; e o terceiro gravou este sinal que você vê na minha testa, e deu-me ainda este rolo selado.

Dizendo isso, Cristão tirou o rolo de junto ao peito.

PIEDADE — Mas você viu mais do que isso, não foi?

Cristão — As coisas que lhe contei foram as melhores. Mas vi também outras. Vi, por exemplo, ao passar, três homens, Simplório, Indolência e Presunção, adormecidos ao longo do caminho, com grilhões nos tornozelos. Pensa que eu consegui acordá-los? Vi também Formalista e Hipocrisia pularem o muro para seguir, segundo pretendiam, até Sião, mas logo se perderam, como de fato eu lhes havia prevenido, sem que me acreditassem. Porém, acima de tudo, tive de me esforçar muito para subir este morro, e foi igualmente difícil passar ao lado das bocas dos leões. Na verdade, não fosse por esse bom homem, o porteiro que guarda a entrada, não sei se não teria decidido voltar. De qualquer modo, agora agradeço a Deus por estar aqui, e agradeço a vocês por terem me recebido.

Então Prudência achou conveniente fazer-lhe algumas perguntas, e desejou que ele as respondesse.

Prudência — Você às vezes não pensa na terra de onde veio?

Cristão — Penso, mas com muita vergonha e ódio. Na verdade, se não tivesse tirado da cabeça aquela terra desde que de lá saí, poderia ter tido oportunidade de voltar. Agora, porém, desejo uma terra melhor, ou seja, uma terra celestial (Hb 11.15-16).

Prudência — Você ainda não continua tolerando algumas das coisas com que estava familiarizado antes?

Cristão — Continuo, mas muito contra a minha vontade, especialmente os pensamentos íntimos e carnais, com que todos os meus conterrâneos, assim como eu mesmo, nos deleitávamos. Mas agora todas essas coisas me doem e, se eu pudesse escolher meus próprios pensamentos, preferiria jamais tornar a pensar nelas. Porém, quando quero fazer o que é melhor, vejo que as piores coisas estão ainda em mim.

Prudência — Você não acha que às vezes essas coisas parecem dominadas, mas outras vezes ainda lhe são um estorvo?

Cristão — Acho, mas isso é raro. Porém, quando me acontece, para mim são horas preciosas.

Prudência — Você consegue lembrar por que às vezes as contrariedades lhe parecem dominadas?

Cristão — Sim. Quando penso no que vi diante da cruz, por exemplo; quando olho a minha capa bordada; também quando leio o rolo que trago junto ao peito; e ainda quando a ideia do lugar para onde estou indo me estimula.

Prudência — E o que o faz tão desejoso de ir até monte Sião?

Cristão — Bem, lá espero ver bem vivo aquele que, morto, vi pendurado na cruz; e ali espero livrar-me de todas essas coisas que até hoje estão em mim e que me aborrecem. Lá, dizem, não existe morte, e lá viverei com a companhia que mais me agrada. Para dizer bem a verdade, só posso mesmo amá-lo, pois foi ele quem me aliviou o fardo. Estou cansado da enfermidade que trago dentro de mim; prefiro estar onde não morrerei mais, ao lado daqueles que continuamente bradam: "Santo, Santo, Santo".

Então Caridade tomou a palavra e perguntou a Cristão:

— Você tem família? É um homem casado?

Cristão — Tenho mulher e quatro filhos mesquinhos.

Caridade — E por que não os trouxe consigo?

Cristão — Ah, como gostaria de ter feito isso — disse entre lágrimas. — Mas todos eles foram absolutamente contrários à minha peregrinação.

Caridade — Mas você deveria ter conversado com eles e se empenhado em mostrar-lhes o perigo de ficar para trás.

Cristão — Pois foi o que eu fiz. Disse-lhes também que Deus me havia revelado a destruição de nossa cidade, mas eles pensaram que eu estava gracejando (Gn 19.14) e não me deram crédito.

Caridade — Mas porventura pediu a Deus que abençoasse o conselho que você lhes dava?

Cristão — Pedi, e isso com muito amor, pois acredite: minha mulher e meus pobres filhos me eram muito caros.

Caridade — Mas você lhes falou do pesar que sentia e do medo da destruição? Pois suponho que a destruição lhe era bastante visível, não?

Cristão — Era, e cada vez mais. Talvez eles vissem também os temores no meu rosto, nas minhas lágrimas e também nos tremores que eu tinha por causa da apreensão diante do juízo que pairava sobre nossas cabeças. Nada disso, porém, foi suficiente para fazê-los vir comigo.

Caridade — Mas qual a razão que eles alegaram para não vir?

Cristão — Bom, minha mulher tinha medo de perder este mundo, e meus filhos se apegavam aos prazeres insensatos da juventude. Assim, aquela por um motivo, estes por outros, todos eles me deixaram partir assim, sozinho.

Caridade — Mas será que, com sua vida fútil, você não contrariou tudo o que, com palavras, usava para tentar convencê-los a acompanhá-lo?

Cristão — Realmente a minha vida não é digna de elogios, pois tenho consciência das minhas muitas faltas. Aliás, sei também que o homem, por sua conduta, pode logo derrubar aquilo que por argumentos ou persuasão tenta impor aos outros, para o próprio bem deles. Mas uma coisa posso dizer: eu tomava todo o cuidado para não lhes dar motivo, por qualquer ato indecoroso, de ter aversão à peregrinação. Sim, e por isso mesmo eles me diziam que eu era rígido demais, que me privava de coisas (por causa deles) nas quais eles não viam mal algum. Não, acho que posso dizer que, se em mim viram algo que realmente os deteve, era a grande dor que me afligia ao pecar contra Deus ou fazer algum mal contra o meu próximo.

Caridade — De fato Caim odiava seu irmão por que as suas próprias obras eram más, e as de Abel, justas (1Jo 3.12). Se a sua mulher e seus filhos se ofenderam com você por isso, mostraram-se assim implacáveis diante do bem. Mas você libertou a sua alma (Ez 3.19) do sangue deles.

Então vi em meu sonho que assim ficaram conversando até ficar pronta a ceia. E, estando eles também prontos, sentaram-se à mesa. Ora, a mesa estava posta com belos pratos, e vinho também muito fino; e toda a conversa durante a ceia foi sobre o Senhor do morro, a saber, sobre o que ele fizera e por que fez o que fez, e por que construíra aquela casa. E, pelo que disseram, percebi que ele fora um grande guerreiro, que combatera e matara aquele que tinha o poder da morte (Hb 2.14), não sem que ele mesmo corresse grande risco, o que me fez amá-lo ainda mais.

Pois, como disseram eles, e como creio eu (disse Cristão), ele o fez com perda de muito sangue; mas o que espalha a glória da graça em tudo o que ele fez é o fato de tê-lo feito por puro amor por sua terra. Aliás, alguns da casa disseram que o haviam visto e também conversado com ele depois de sua morte na cruz. Atestaram ter ouvido de sua própria boca que ele ama tanto os pobres peregrinos que, do Oriente ao Ocidente, não se acha amor igual.

Além disso, deram como exemplo daquilo que afirmavam o seguinte: ele havia se despido da própria glória para isso fazer pelos pobres; e disseram tê-lo ouvido falar e afirmar que não habitaria só na montanha de Sião. Disseram, ainda, que ele fizera príncipes a muitos peregrinos, embora por natureza tenham nascido mendigos e sua origem fosse o monturo (1Sm 2.8; Sl 113.7).

Assim, conversaram até tarde da noite e, após orar pedindo a proteção do Senhor, foram finalmente repousar. O peregrino foi acomodado em um amplo quarto no andar de cima, cuja janela dava para o nascente. O nome do quarto era Paz, e ali ele dormiu até o raiar do dia. Então, acordou e cantou:

> Onde estou agora? Será isso o zelo divino
> O amor de Jesus por aquele que é peregrino?
> Tantas coisas dá! Até perdão ao réu
> Que habita já nas vizinhanças do próprio céu.

Então, de manhã, todos se levantaram e, conversando, disseram-lhe que não partisse sem antes ver as raridades da casa. Primeiro levaram-no até a biblioteca, onde lhe mostraram documentos de grande antiguidade. Se bem me lembro do meu sonho, mostraram-lhe antes de tudo a ascendência do Senhor do morro, que era filho do Ancião de Dias e veio à existência por eterna geração. Ali também se achavam mais plenamente registrados os atos que ele executara, os nomes das muitas centenas que ele tomara para seu serviço, e como ele os havia posto em moradas que jamais seriam destruídas, nem pela passagem dos dias nem pela degeneração da natureza.

Então leram para ele alguns dos atos meritórios que alguns de seus servos haviam feito: como subjugaram reinos, executaram a justiça, alcançaram promessas, fecharam as bocas de leões, aplacaram a violência do fogo, escaparam ao fio da espada, da fraqueza extraíram força, agigantaram-se na luta e fizeram bater em retirada exércitos de estrangeiros (Hb 11.33-34).

Depois leram ainda em outro volume dos documentos do lugar um trecho em que se mostrava que o Senhor se dispõe a receber na sua graça todas as pessoas, mesmo aquelas que no passado tenham feito grande afronta à sua pessoa e aos seus caminhos. Ali também estavam diversas histórias de muitas outras coisas famosas, e de todas elas Cristão teve um vislumbre, de coisas antigas e modernas, além de profecias e predições de acontecimentos que seguramente se cumprirão, tanto para pavor e espanto dos inimigos, quanto para consolo e alívio dos peregrinos.

No dia seguinte, levaram-no à armaria, onde lhe mostraram toda sorte de petrechos que seu Senhor providenciara para os peregrinos: espada, escudo, capacete, couraça, toda oração e calçados que não se gastam. E ali havia o bastante para equipar tanto os homens ao serviço do Senhor quanto as miríades de estrelas que há no céu.

Também lhe mostraram alguns dos objetos com que alguns de seus servos haviam feito prodígios. Mostraram-lhe a vara de Moisés; o martelo e o cravo com que Jael matou Sísera; também os cântaros, as trombetas e as tochas com que Gideão fez bater em retirada os exércitos de Midiã. Então lhe mostraram a aguilhada de bois que Sangar usou para matar seiscentos homens. Ainda, a queixada com que Sansão fez tamanhas proezas. Mostraram-lhe, além disso, a funda e a pedra que Davi usou para matar Golias de Gate, e também a espada com que seu Senhor irá matar o homem de iniquidade, no dia em que se erguerá para o Juízo.

Apresentaram-lhe, além disso, muitas coisas excelentes, e Cristão se admirou bastante delas. Isso feito, já era hora de dormir.

Então vi em meu sonho que, de manhã, ele se levantou decidido a seguir viagem, mas quiseram que ele ficasse até o dia seguinte, e disseram:

— Se o tempo estiver bom, nós lhe mostraremos as Montanhas Aprazíveis.

Era algo que, segundo disseram, lhe traria ainda mais ânimo, pois as montanhas ficavam mais perto do refúgio desejado do que o lugar onde estavam então. Ele aceitou o convite, e ficou.

Já alto o sol, levaram-no até o terraço da casa e apontaram-lhe o sul, e eis que, a grande distância, ele viu uma região montanhosa das mais lindas, embelezada com matas, vinhedos, frutas de todas as espécies, flores também, com riachos e fontes, tudo muito agradável de olhar.

Cristão perguntou o nome daquela terra, e lhe disseram que era a Terra de Emanuel, região à qual todos os peregrinos tinham livre acesso, tanto quanto o morro onde estavam. E que, quando ele chegasse lá, poderia ver o portão da Cidade Celestial, pois os pastores que ali moram o mostrariam.

Ora, ele se lembrou então de que era hora de partir, e todos concordaram.

— Mas primeiro — disseram — vamos novamente até a armaria.

E para lá se dirigiram e, chegando, o aparelharam da cabeça aos pés com instrumentos da mais alta qualidade e resistência, talvez para enfrentar os perigos do caminho.

9

Cristão luta com Apoliom no Vale da Humilhação

Assim paramentado, caminhou com as amigas até o portão, e ali perguntou ao porteiro se ele vira algum peregrino passar por ali.

— Vi sim — respondeu ele.

Cristão — E o conheceu?

Porteiro — Perguntei seu nome, e ele me disse que se chamava Fiel.

Cristão — Ah, eu o conheço. É da minha cidade. Vizinho meu. Vem do lugar onde nasci. Quanto você acha que ele já andou?

Porteiro — A essa altura já deve ter descido o morro.

Cristão — Que o Senhor esteja com você, então, bom porteiro, e muito acrescente a todas as suas bênçãos, pela bondade que teve para comigo.

E seguiu caminho. Discrição, Piedade, Caridade e Prudência o acompanharam até o sopé do morro. Foram caminhando juntos, repisando as conversas que tiveram, até o início da descida. E Cristão falou:

— Assim como foi difícil subir, também (até onde sei) é perigoso descer.

— É verdade — tornou Prudência —, pois para o homem é penoso descer até o Vale da Humilhação, lá embaixo, sem escorregar pelo caminho. Portanto — disseram elas —, vamos acompanhá-lo até lá.

Então ele começou a descer, mas com muito cuidado, e ainda assim sofreu um ou dois escorregões.

E vi em meu sonho que as amáveis companheiras (quando Cristão já descera até o sopé do morro) lhe deram um pedaço de pão, uma garrafa de vinho e um cacho de passas. E assim ele seguiu caminho.

No Vale da Humilhação, porém, o caminho se tornou difícil para Cristão. Pouco andara ainda quando avistou um demônio asqueroso vindo pelo campo em sua direção. Seu nome era Apoliom (Ap 9.11). Cristão teve medo, sem saber se voltava ou continuava. Lembrou, então, que não possuía armadura nas costas, e deu-se conta de que virar-lhe as costas talvez desse ao demônio a vantagem de feri-lo facilmente com seus dardos. Sendo assim, Cristão resolveu arriscar-se e continuou, pois, refletiu ele, mesmo que só pensasse em salvar a própria pele, o melhor a fazer seria enfrentá-lo.

Avançou, portanto, e Apoliom veio ter com ele. Ora, o monstro tinha aparência apavorante. Era todo coberto de escamas como um peixe (e essas escamas são seu orgulho), tinha asas de dragão, patas de urso, do ventre lhe saíam fogo e fumaça, e a boca era como a de um leão. Alcançando Cristão, encarou-o com olhar desdenhoso e imediatamente passou a interrogá-lo:

Apoliom — De onde você vem, e para onde vai?

Cristão — Venho da Cidade da Destruição, lugar de todo o mal, e dirijo-me à Cidade de Sião.

Apoliom — Ah, vejo então que você é um dos meus súditos, pois toda aquela terra é minha, e dela sou príncipe e deus. Como então você foge do seu rei? Não fosse a minha esperança de que possa ainda me servir, agora mesmo o esmagaria no chão de um só golpe.

Cristão — Nasci de fato nos seus domínios, mas seu serviço era duro, e seu salário, insuficiente para a vida do homem, pois o salário do pecado é a morte (Rm 6.23). Portanto, alcançando a maturidade, fiz como outras pessoas sensatas fazem, procurando uma forma de emendar-me.

Apoliom — Príncipe nenhum perde assim tão fácil seus súditos, e eu também não pretendo perdê-lo. Mas, se você está reclamando do seu serviço e do seu salário, quanto a isso fique tranquilo. Prometo dar-lhe aqui tudo o que de melhor haja em sua terra.

Cristão — Mas já me comprometi com outro, com o Rei dos príncipes. Sendo assim, como posso, em justiça, voltar contigo?

Apoliom — Nisso, como diz o provérbio, você trocou o ruim pelo pior. Mas, dentre aqueles que se confessam servos dele, é comum haver deserções, pois logo voltam para mim. Se você fizer isso, tudo lhe sairá bem.

Cristão — Mas já confiei a ele a minha fé, e a ele jurei fidelidade. Como então poderia voltar atrás sem ser enforcado por traição?

Apoliom — Você fez o mesmo comigo, e, no entanto, disponho-me a esquecer, se você voltar atrás.

Cristão — O que lhe prometi o fiz na minha imaturidade; além disso, confio em que o Príncipe cuja bandeira agora defendo me absolverá, sim!, e perdoará também o que fiz na minha submissão a ti. E também, ó Apoliom destruidor, para dizer a verdade, gosto de servir a ele, do salário que ele paga, de seus outros servos, de seu governo, de sua companhia e de sua terra. Gosto mais disso tudo do que das coisas que você me oferece. Portanto, desista de tentar convencer-me. Dele é que sou servo, e a ele seguirei.

Apoliom — Pondere de novo, friamente, o que irá encontrar neste caminho que está seguindo. Você sabe que a maioria dos servos dele tem triste fim, pois são transgressores contra mim e contra os meus caminhos. Quantos deles não sofreram morte vergonhosa! Além disso, você acha que servir a ele é melhor do que servir a mim, mas ele jamais saiu do lugar de onde está para libertar das nossas mãos qualquer um dos que lhe servem. Quanto a mim, como todo o mundo bem o sabe, quantas vezes já não libertei dele e dos seus, por força ou astúcia, aqueles que fielmente me servem? Sendo assim, também o libertarei.

Cristão — O fato de ele não libertá-los ainda tem por objetivo testar o seu amor, ver se até o final se manterão fiéis. Quanto ao triste fim que você diz estar reservado a eles, isso lhes traz muita glória, pois, no presente, não esperam libertação; aguardam, isto sim, a glória vindoura, e certamente a terão quando o seu Príncipe vier na sua glória e na glória dos anjos.

Apoliom — Você já foi infiel no seu serviço a ele. Como então espera receber dele salário?

Cristão — E como, ó Apoliom, fui infiel a ele?

Apoliom — Você desfaleceu logo no início, quando quase se afogou no Pântano do Desânimo. Tomou caminhos errados para livrar-se do fardo, quando devia ter tolerado até que seu Príncipe lhe aliviasse a carga. Você dormiu em pecado, e perdeu coisa muito preciosa. Diante dos leões, quase se deixou convencer a voltar, e, ao falar da sua jornada e do que ouviu e viu, no íntimo você deseja vanglória em tudo o que diz e faz.

Cristão — Tudo isso é verdade, e muito mais que você não mencionou, mas o Príncipe a quem sirvo e honro é misericordioso, sempre pronto a perdoar. Além disso, essas fraquezas já me possuíam na sua terra, pois foi lá que as contraí, e debaixo delas tenho sofrido e lamentado. Mas assim mesmo alcancei o perdão do meu Príncipe.

Então Apoliom rebentou em terrível fúria, dizendo:

— Sou inimigo desse Príncipe. Odeio sua pessoa, suas leis e seu povo. Vim com o propósito de deter você.

Cristão — Apoliom, tome cuidado com o que pensa fazer, pois estou na estrada do Rei, caminho da santidade. Trate de tomar cuidado, portanto.

Apoliom então, agigantando-se, ocupou o caminho de um lado a outro e disse:

— Não tenho um pingo de medo disso. Prepare-se para morrer, pois juro por meu antro infernal que você não seguirá adiante. Aqui tomarei a sua alma.

E, dizendo isso, atirou um dardo flamejante contra o peito de Cristão. Este, porém, defendeu-se com o escudo que trazia no braço, driblando o perigo. Cristão avançou, pois viu que era o momento de provocá-lo. Apoliom também atacou, lançando dardos às saraivadas. Cristão, mesmo tudo fazendo para evitar as setas, feriu-se na cabeça, na mão e no pé, e diante disso, recuou.

Apoliom se manteve em feroz ataque, mas Cristão de novo tomou coragem para resistir o mais bravamente possível. O combate, assim acirrado, perdurou por metade do dia, até estar Cristão já quase vencido. Pois há de convir comigo o leitor que Cristão, em virtude dos ferimentos, ficava cada vez mais fraco.

Apoliom, então, antevendo a oportunidade, buscou aproximar-se mais de Cristão e, em luta corpo a corpo, jogou-o no chão. Tão terrível foi o golpe que a espada de Cristão voou longe.

— Vou matá-lo agora — berrou Apoliom, sufocando-o até quase a morte, deixando-o já sem esperança de vida. Mas quando o demônio se preparava para o golpe fatal, para dar cabo enfim desse bom homem, Cristão, por graça de Deus, estendeu a mão à espada e a agarrou, dizendo:

— "Não se alegre com a minha desgraça", ó inimigo meu! "Embora eu tenha caído, eu me levantarei" (Mq 7.8).

Desferiu então um golpe fatal, fazendo recuar o demônio, como que ferido de morte. Cristão, apercebendo-se disso, atacou-o novamente, bradando:

— "Mas, em todas estas coisas somos mais que vencedores, por meio daquele que nos amou" (Rm 8.37).

Diante disso, Apoliom abriu suas asas de dragão e afastou-se ligeiro, e Cristão não o viu mais.

Nesse combate, homem nenhum jamais poderia imaginar, a menos que tivesse ele mesmo visto e ouvido como eu, quão horrivelmente Apoliom berrava e rugia durante toda a luta. Falava ele como dragão, e, do outro lado, quantos não foram os suspiros e gemidos que brotavam do peito de Cristão! Durante esse tempo todo, não notei em seu rosto nem um só olhar agradável, senão ao perceber que ferira Apoliom com sua espada de dois gumes. Por fim, sorriu e ergueu os olhos, mas foi a visão mais apavorante que jamais vi.

Assim, terminada a batalha, Cristão falou:

— Dou graças aqui àquele que me libertou da boca do leão (2Tm 4.17), àquele que me auxiliou contra Apoliom.

E disse mais:

O grande Belzebu, chefe e rei desse demônio,
Tramou minha ruína; para esse fim medonho
Bem equipado enviou-o, e com fúria infernal
Contra mim se atirou em assalto visceral.
Mas Miguel, bendito seja, me socorreu,
E pela espada fiz debandar o sandeu.
Que a ele eu louve e agradeça eternamente
E sempre bendiga seu santo nome clemente.

Diante dele surgiu uma mão misteriosa que lhe trazia algumas folhas da Árvore da Vida. Cristão as tomou e com elas tratou as feridas que ganhara na batalha, e imediatamente curou-se. Também se sentou ali para comer do pão e beber do vinho que recebera pouco antes. Assim revigorado, retomou a jornada, espada à mão, dizendo: "Não sei se outro inimigo não está por perto". Mas não enfrentou nenhum outro ataque de Apoliom em todo o vale.

10

As aflições de Cristão no Vale da Sombra da Morte

Ora, ao final desse vale, havia outro, chamado Vale da Sombra da Morte, e Cristão precisava atravessá-lo também, pois o caminho rumo à Cidade Celestial passava por ali. Tal vale é lugar bastante desolado, e o profeta Jeremias assim o descreve: "Um deserto, uma terra árida e cheia de covas, uma terra de seca e de trevas, terra pela qual ninguém [senão um cristão] passa, e onde ninguém vive" (Jr 2.6).

Ora, ali Cristão sofreu provação pior do que sua batalha contra Apoliom, como o leitor verá na sequência.

Vi então em meu sonho que, ao chegar à fronteira da Sombra da Morte, Cristão encontrou ali dois homens, filhos dos que deram um relato negativo da boa terra (Nm 13.31), apressando-se em voltar. Cristão falou com eles assim:

— Aonde vão?

Homens — Estamos voltando, e é bom que trate de fazer o mesmo, se é que você preza a vida ou a paz.

Cristão — Por quê? Qual o problema?

Homens — Problema? Seguíamos pelo mesmo caminho que você, e fomos até onde nos permitiu nossa audácia. De fato, quase não pudemos voltar, pois se avançássemos um pouco mais não estaríamos aqui para trazer-lhe estas notícias.

Cristão — Mas o que foi que encontraram?

Homens — Bom, estávamos quase no Vale da Sombra da Morte, mas por sorte, olhando adiante, vimos o perigo antes que tivéssemos de enfrentá-lo.

CRISTÃO — Mas o que foi que viram?

HOMENS — Você nem pode imaginar! O vale em si, que é escuro como o breu. Também vimos ali os diabretes, sátiros e dragões do abismo. Percebemos que lá de dentro do vale vinha um ruído contínuo de uivos e berros, como de gente sob padecimento indizível, vivendo ali em aflições e cadeias. Acima do vale pairam as desanimadoras nuvens da Confusão. A morte também abre as asas sobre ele. Em suma, em toda parte só há coisas apavorantes, reina o caos completo (Jó 3.5; 10.22).

CRISTÃO — Mesmo com tudo isso que vocês me dizem, acho que é este o meu caminho rumo ao refúgio almejado.

HOMENS — Seja então o seu caminho. Nós não o escolheríamos.

E se despediram. Cristão seguiu seu caminho, a espada ainda à mão, pois temia ser atacado.

Vi então em meu sonho que, até onde se estendia o vale, havia à direita um fosso muito profundo, aquele para o qual os cegos conduzem os cegos em todas as eras, todos eles perecendo miseravelmente. E eis que à esquerda havia um pântano extremamente perigoso, no qual mesmo se um bom homem cair, não acha apoio para se pôr de pé. Nesse pântano, o próprio rei Davi caiu certa vez, e sem dúvida nenhuma teria ali se afogado, não houvesse sido resgatado pelo poderoso (Sl 69).

Também o caminho era ali extremamente estreito, e o bom Cristão mais do que nunca tinha de se ater a ele, pois, quando nas trevas buscava evitar o fosso de um lado, quase mergulhava no lamaçal do outro, e enquanto procurava escapar do lamaçal, não tomasse grande cuidado, certamente cairia no fosso. Assim avançava, e ali ouvi que ele suspirava amargamente; pois, além dos perigos mencionados acima, a trilha era tão escura que muitas vezes, quando erguia o pé para dar um passo, não sabia onde ou sobre o que pisaria.

Mais ou menos pelo meio do vale, percebi abrir-se a própria boca do inferno, enquanto as margens do caminho permaneciam igualmente acidentadas. Pensou consigo Cristão: "Que hei de fazer?".

E as chamas e os fumos brotavam do abismo em abundância, incessantemente, com centelhas e sons horripilantes (coisas insensíveis à espada de Cristão, ao contrário de Apoliom), tanto que ele se viu forçado a embainhar a espada e refugiar-se noutra arma, chamada toda oração (Ef 6.18). Então clamou, e o clamor assim chegou aos meus ouvidos:

— Ó Senhor, suplico-te, livra a minha alma (Sl 116.4).

Assim caminhou longo trecho, embora as chamas se aproximassem dele cada vez mais. Também ouvia vozes aflitas e afãs de um lado e de outro, tanto que por vezes chegava a pensar que seria estraçalhado ou pisoteado como barro pelas ruas. Ele contemplou essa visão apavorante e ouviu esses sons terríveis durante quilômetros e quilômetros.

A certa altura, pensando ouvir um grupo de demônios vindo em sua direção, parou e pôs-se a cogitar o que melhor havia a fazer. Às vezes lhe cruzava a mente a sombra da ideia de voltar. Depois pensava que já deveria estar a meio caminho do final do vale; lembrava também que já havia vencido muitos perigos, e que o risco de voltar talvez fosse muito maior que o de avançar, portanto determinou-se a prosseguir. Todavia, os demônios pareciam se aproximar cada vez mais; porém, quando já estavam quase sobre ele, clamou com voz muitíssimo intensa:

— Andarei na força do Senhor Deus.

E eles recuaram, não se aproximando mais.

Um detalhe não quero esquecer. Reparei que agora Cristão se achava tão confuso que já não conhecia a própria voz, e foi assim que o percebi: justamente quando chegava diante da boca do abismo ardente, um dos malignos postou-se atrás dele e de modo sutil se aproximou, sugerindo-lhe aos sussurros muitas blasfêmias repulsivas, que ele de fato julgou terem nascido de seus próprios pensamentos. Isso perturbou Cristão mais do que tudo que enfrentara até ali, chegando mesmo a pensar que deveria blasfemar contra aquele que tanto amara antes. Se pudesse, porém, evitá-lo, não o faria, mas não teve discernimento para tapar os ouvidos nem para compreender de onde vinham essas blasfêmias.

Depois de viajar por tempo considerável nessa situação desalentadora, julgou ouvir a voz de um homem, que, à frente dele, dizia: "Embora ande pelo Vale da Sombra da Morte, não temerei mal nenhum, pois tu estás comigo" (Sl 23.4).

Então animou-se por três motivos. Primeiro, porque deduziu disso que alguns que temiam a Deus estavam também nesse vale como ele.

Segundo, porque sentia que Deus estava com eles, mesmo naquela situação sombria e lúgubre. "E por que não há de estar comigo", pensou ele, "embora eu não o perceba em virtude dos obstáculos que caracterizam esse lugar?"

Terceiro, porque esperava (se viesse a alcançá-los) ter companhia em breve. Por isso prosseguiu e chamou o que estava à sua frente, mas este não sabia o que responder, pois também se julgava só ali. E, assim que raiou o dia, disse Cristão:

— Ele torna a sombra da morte em manhã (Am 5.8).

Chegando a manhã, olhou para trás, não desejoso de voltar, mas para ver à luz do dia que perigos enfrentara sob trevas. Então viu mais nitidamente o fosso de um lado e o lodaçal do outro; também viu como era estreito o caminho que passava entre os dois; viu os diabretes, sátiros e dragões do abismo; mas todos distantes, pois após o alvorecer eles não se aproximavam. No entanto, a ele se revelaram, segundo o que está escrito: "Revela coisas profundas das trevas, e traz à luz densas sombras" (Jó 12.22).

Ora, Cristão ficou muito impressionado com o livramento de todos os perigos desse caminho solitário, perigos esses que, embora antes temesse muito, agora via mais claramente, pois a luz do dia os tornava patentes.

Por essa hora nascia o sol, e eis aí outra misericórdia para Cristão, pois o leitor deve notar que, embora a primeira parte do Vale da Sombra da Morte fosse perigosa, essa segunda parte que ele tinha agora pela frente era muito mais perigosa, se é que isso era ainda possível. Do lugar onde estava até o final do vale, o caminho era tão cheio de ciladas, armadilhas, laços e redes de um lado, e tão repleto de abismos, armadilhas, profundos buracos e íngremes desfiladeiros de outro, que, estivesse agora escuro tanto quanto durante a primeira parte do percurso, mesmo que ele tivesse mil almas, todas elas certamente pereceriam.

Mas, como já disse, o sol acabava de nascer e Cristão exclamou:

— Sua vela brilhou sobre minha cabeça, e com a sua luz eu ando em meio às trevas (Jó 29.3)!

Foi sob luz, portanto, que alcançou o final do vale. Agora eu via em meu sonho que, no final do vale, jaziam ossos, sangue, cinzas e corpos lacerados de homens, de peregrinos que por ali haviam passado anteriormente.

Enquanto eu cogitava qual seria a razão disso, avistei pouco adiante de mim uma caverna, onde dois gigantes, Papa e Pagão, habitaram outrora. Fora pelo poder e pela tirania deles que esses homens, cujos ossos, sangue e cinzas ali jaziam, acabaram cruelmente mortos.

Por tal lugar, porém, Cristão passou sem muito risco, diante do que fiquei um tanto surpreso. No entanto, soube depois que Pagão estava morto havia muito tempo, e quanto ao outro, embora ainda vivo, em virtude da idade avançada e também dos muitos combates acirrados que enfrentara nos anos mais jovens, estava tão louco e tanto o atacava o reumatismo que agora pouco mais fazia além de sentar à entrada da caverna, roendo as unhas e rindo maliciosamente dos peregrinos que passavam, pois não conseguia aproximar-se deles.

Vi, portanto, que Cristão seguia seu caminho, embora ao ver o Velho sentado à entrada da caverna não soubesse o que pensar, pois este, mesmo sem poder persegui-lo, falou:

— Não vão se emendar, não é?, enquanto mais de vocês não forem queimados vivos.

Mas Cristão seguiu calado, ensaiou um semblante tranquilo e afastou-se dali incólume. Depois, salmodiou:

Ó mundo de maravilhas! A vida conservei
Em meio mesmo às angústias que aqui achei!
Abençoada a mão que me salvou disso tudo!
Trevas, demônios, inferno, pecado mais agudo
Me envolveram, me cercaram de fato
Enquanto nesse vale estive, chão ingrato.
Laços, abismos e ciladas rondavam o caminho
Para que eu, tolo inútil, e avançando sozinho,
Fosse pego, enredado e lançado na escória.
Mas, hoje vivo, é a Jesus que devo toda glória.

11

O encontro de Cristão e Fiel

Cristão continuou seguindo seu caminho e alcançou uma pequena subida, que fora posta ali de propósito, para que os peregrinos pudessem enxergar o que os esperava adiante. Ele subiu e, olhando para frente, viu Fiel a distância e gritou-lhe:

— Ei, ei, alô! Espere aí, que agora você tem companhia.

Fiel olhou para trás e Cristão novamente gritou:

— Espere aí, espere até eu alcançar você!

— Não, minha vida corre perigo, e o vingador de sangue está atrás de mim.

Cristão se comoveu e, redobrando o esforço, rapidamente o alcançou. De fato chegou até a ultrapassá-lo, de modo que o último era agora o primeiro. Riu-se então, cheio de si, por ter conseguido tomar a dianteira ao seu irmão; mas calhou que, sem olhar onde pisava, súbito tropeçou e caiu, e não conseguiu levantar-se enquanto Fiel não chegou para ajudá-lo.

Vi depois em meu sonho que seguiram os dois juntos, demonstrando muito carinho um pelo outro, e conversando animadamente sobre todas as coisas que lhes tinham acontecido durante a peregrinação. Cristão foi quem tomou a iniciativa:

— Honrado e amado irmão Fiel, fico feliz por tê-lo alcançado, e por ter Deus abrandado de tal modo nosso espírito, de modo que agora podemos seguir como companheiros por caminho tão aprazível.

Fiel — Pensei, caro amigo, que teria a sua companhia já desde a saída da nossa cidade, mas, na verdade, você partiu antes de mim; por isso me vi forçado a percorrer todo esse trecho sozinho.

Cristão — Quanto tempo você ficou na Cidade da Destruição antes de sair em peregrinação depois de mim?

Fiel — Até não suportar mais, pois depois da sua partida só se falava que nossa cidade, em breve, seria arrasada pelo fogo vindo do céu.

Cristão — O quê? Seus vizinhos é que falavam isso?

Fiel — Sim. Por algum tempo todo mundo só falou nisso.

Cristão — E só você, ninguém mais, saiu para fugir do perigo?

Fiel — Embora, como já disse, muito se falasse sobre o assunto, não acho que eles acreditassem realmente nisso. Pois, no calor da discussão, ouvi alguns zombando de você e da sua viagem desesperada (visto que era assim que chamavam a sua peregrinação). Eu acreditei, e ainda acredito, que o fim de nossa cidade será com o fogo e o enxofre lá de cima, portanto também resolvi fugir.

Cristão — Não ouviu nada sobre o meu vizinho Volúvel?

Fiel — Ouvi sim, Cristão. Ouvi dizer que ele seguiu você até o Pântano do Desânimo, onde, segundo comentaram alguns, acabou caindo. Só que ele não queria que soubessem que isso havia acontecido. Tenho certeza de que ele ficou totalmente emporcalhado com aquela sujeira toda.

Cristão — O que os vizinhos disseram para ele?

Fiel — Desde sua volta ele se tornou alvo de muita zombaria, e isso entre gente de todo tipo. Alguns ainda escarnecem dele e o desprezam, e poucos lhe oferecem trabalho. Hoje ele está sete vezes pior do que se jamais tivesse saído da cidade.

Cristão — Mas por que todos se viraram assim contra ele, se também desprezam o caminho que ele abandonou?

Fiel — O povo diz: "Enforquem-no. Ele é vira-casaca. Não foi fiel a sua convicção". Acho que Deus chegou mesmo a incitar inimigos que o vaiassem, para fazer dele um exemplo, por ter abandonado o caminho.

Cristão — Não conversou com ele antes de partir?

Fiel — Cheguei a vê-lo certa vez na rua, mas ele me lançou um olhar esquivo de longe, como quem está envergonhado do que fez. Não conversei com ele.

Cristão — Bom, logo que parti, tinha esperança nesse homem, mas agora temo que vá perecer na destruição da cidade, pois a ele aconteceu conforme o sábio provérbio: o cão voltou ao próprio vômito, e a porca lavada voltou a revolver-se no lamaçal (2Pe 2.22).

Fiel — Também tenho os mesmos temores em relação a ele. Mas quem é que pode evitar o que deve acontecer?

Cristão — Ora, bom vizinho Fiel, melhor é deixá-lo para lá e falar de coisas mais urgentes para nós. Diga-me: com o que você deparou no caminho até aqui? Pois seria um verdadeiro prodígio se ainda não houvesse encontrado algumas coisas admiráveis.

Fiel — Escapei do pântano, pois vi você cair ali, e cheguei à porta sem passar por esse perigo; só encontrei certa mulher chamada Libertina, que procurava alguma forma de me prejudicar.

Cristão — Ótimo que tenha escapado de sua rede. José muito sofreu nas mãos dela, mas escapou, como você; só que isso quase lhe custou a vida (Gn 39). Mas o que ela lhe fez?

Fiel — Você não pode imaginar (a não ser que já tenha experiência nisso) como a língua dessa mulher é sedutora. Ela insistiu muito comigo para que eu a acompanhasse, prometendo-me toda sorte de prazeres.

Cristão — Certamente ela não lhe prometeu o prazer da boa consciência.

Fiel — Você sabe o que quero dizer: todo prazer carnal e mundano.

Cristão — Graças a Deus você escapou dela. Os odiosos aos olhos do Senhor cairão na vala dessa mulher.

Fiel — Não, não sei se realmente escapei dela ou não.

Cristão — Por quê? Não creio que você tenha cedido aos desejos dela.

Fiel — Não, não me corrompi, pois me lembrei de um texto antigo que havia lido, que diz: "Os seus pés descem para a morte; os seus passos conduzem diretamente para a sepultura" (Pv 5.5). Assim, fechei os olhos, pois não queria me deixar enfeitiçar por seus olhares. Então ela me insultou, mas segui meu caminho.

Cristão — Não sofreu nenhum outro ataque pelo caminho?

Fiel — Chegando ao sopé do morro chamado Dificuldade, encontrei um homem bem idoso, que me perguntou quem eu era e para onde ia. Eu lhe disse que era um peregrino que seguia rumo à Cidade Celestial. Disse-me então o velho: "Você parece ser um homem honesto. Será que não se disporia a ficar comigo, pelo salário que lhe pagarei?". Perguntei então seu nome e onde ele morava. Respondeu-me que se chamava Adão, o Primeiro, e que morava na cidade do Engano. Eu lhe indaguei sobre o trabalho e que salário pagaria. Ele respondeu que eram muitos prazeres e que, como salário, eu afinal seria o seu herdeiro. Perguntei ainda o que havia em sua casa e que outros servos ele possuía. Respondeu que em sua casa havia todos os deleites do mundo, e que seus servos eram os que ele mesmo gerava. Pedi que me dissesse então quantos filhos tinha. Disse-me que só tinha três filhas: Cobiça da Carne, Cobiça dos Olhos e Ostentação dos Bens (1Jo 2.16), e que eu poderia me casar com todas elas, se quisesse. Perguntei-lhe, finalmente, quanto tempo gostaria que eu morasse com ele. Respondeu-me: enquanto ele mesmo vivesse.

Cristão — Bom, e a que conclusão chegaram você e o velho, afinal?

Fiel — Ora, de início me senti até inclinado a acompanhar o homem, pois achei que falava belas palavras, mas reparando em sua testa enquanto conversava com ele, li a seguinte frase: "Dispa-se do velho homem com os seus feitos" (Cl 3.9).

Cristão — E então?

Fiel — Então me veio queimando na mente a ideia de que, apesar de tudo o que ele disse e por mais que me bajulasse, quando me alojasse em sua casa ele me venderia como escravo. Então pedi que não me dissesse mais nada, pois não me aproximaria da porta de sua casa. Diante disso ele me injuriou e me disse que enviaria atrás de mim alguém que tornaria o meu caminho amargo para a alma. Aí virei-me para me afastar dele, mas, assim que o fiz, senti que ele me agarrava, dando-me um puxão tão forte que pensei que havia arrancado um pedaço de mim. Isso me fez clamar: "Ó homem desprezível!". Então segui o meu caminho morro acima. Já havia subido a metade da encosta, quando olhei para trás e vi alguém me seguindo, ligeiro como o vento, e ele me alcançou bem no lugar onde fica o banco.

Cristão — Foi bem onde eu me sentei para descansar, mas o sono me venceu. Ali perdi este rolo que trago junto ao peito.

Fiel — Mas ouça-me, bom irmão meu. Assim que o homem me alcançou, senti uma forte pancada, que me derrubou no chão, e ali fiquei como morto. Quando eu voltava a mim, ainda tonto, perguntei por que fizera aquilo. Disse que era por causa de minha secreta atração por Adão, o Primeiro, e, dizendo isso, desferiu-me outro golpe fortíssimo no peito, estirando-me no chão de costas. Assim, fiquei ali caído de novo aos pés dele, como morto, e, quando voltei novamente a mim, clamei misericórdia. Ele, porém, disse: "Não sei o que é misericórdia". E de novo me atingiu. Com certeza teria dado cabo de mim, mas então alguém chegou e mandou que ele parasse.

Cristão — Quem foi que mandou que ele parasse?

Fiel — Não o reconheci de início, mas vi as cicatrizes em suas mãos e no flanco e concluí que era nosso Senhor. Então pus-me de pé e subi o resto da encosta.

Cristão — O homem que o golpeou era Moisés. Ele não poupa ninguém, e tampouco sabe demonstrar misericórdia para com aqueles que violam a sua lei.

Fiel — Eu bem sei. Não foi a primeira vez que me encontrei com ele. Foi ele quem me procurou, quando eu ainda morava na segurança do lar, e me disse que queimaria minha casa sobre a minha cabeça se eu lá permanecesse.

Cristão — Mas você viu a casa que fica lá no cume do morro, do lado em que Moisés o alcançou?

Fiel — Vi, e vi também os leões antes de chegar até lá. Quanto a eles, acho que estavam dormindo, pois era por volta do meio-dia, e como tinha ainda boa parte do dia pela frente, passei pelo porteiro e desci o morro.

Cristão — Ele de fato me disse que o viu passar, mas que pena que você não visitou a casa, pois eles lhe teriam mostrado tantas raridades das quais você dificilmente se esqueceria até o dia de sua morte. Mas diga-me: encontrou alguém no Vale da Humildade?

Fiel — Sim, encontrei com certo Descontente, que quis convencer-me a voltar com ele. Disse ele que o vale não tinha uma gota sequer de honra, e que passar ali era desobedecer a todos os meus amigos: Orgulho, Arrogância, Presunção, Glória Secular e outros, que, segundo ele, ficariam muitíssimo ofendidos se eu fosse estúpido a ponto de atravessar aquele vale.

Cristão — Bom, e o que você lhe respondeu?

Fiel — Eu disse que, embora todos esses que ele mencionara pudessem até alegar parentesco comigo, e com razão (pois de fato eram meus parentes segundo a carne), eles tinham me rejeitado desde que eu me tornara peregrino, assim como eu também os rejeitava, portanto eles para mim eram como se jamais tivessem sido do meu sangue. Quanto ao vale, disse-lhe ainda que ele tinha dado um panorama bastante enganador da coisa, pois diante da honra vai a humildade, e a altivez do espírito precede a queda (Pv 16.18; 18.12). Por isso eu disse que preferia atravessar o vale rumo à honra que os mais sábios tanto valorizam a escolher aquilo que ele estimava mais digno do nosso afeto.

Cristão — Não encontrou mais nada naquele vale?

Fiel — Encontrei ainda Vergonha. De todos os homens que encontrei em minha peregrinação, ele, acho eu, tem o nome errado. Os outros até se continham diante de alguma argumentação (ou outra coisa qualquer), mas esse Vergonha, cínico que era, simplesmente não parava de falar.

Cristão — É mesmo? E o que ele lhe falou?

Fiel — Ora, argumentou contra a própria religião. Disse que para o homem era lamentável, vil e desprezível preocupar-se com religião. Falou que boa consciência não era coisa de homem, e que vigiar as palavras e os caminhos para abster-se da intimidadora liberdade com que se acostumam os espíritos mais corajosos da época era tornar-se alvo de escárnio. Contrapôs também que poucos dos poderosos, ricos ou sábios já concordaram com a minha opinião, e que nenhum deles o fez senão quando se deixou convencer pela tolice, dispondo-se voluntariamente, por falta de juízo, a arriscar perder tudo por aquilo que ninguém sabe o quê. Ridicularizou ainda o estado vil e humilhante da maioria dos peregrinos, e também sua ignorância da época em que vivem e sua falta de compreensão de toda ciência natural.

— Sim, e também me disse palavras semelhantes sobre muitas outras coisas que não menciono aqui — prosseguiu Fiel. — Que era vergonha choramingar e lamentar-se diante de um sermão, e também voltar suspirando e gemendo para casa; que era vergonhoso pedir perdão ao próximo por pequenas faltas, ou restituir aquilo que tirei de alguém. Disse ainda que a religião faz o homem estranho aos nobres por uns poucos vícios (aos quais ele deu nomes mais distintos) e o faz honrar e respeitar os desprezíveis, por causa da mesma fraternidade religiosa. "E não é isso uma vergonha?", perguntou ele.

Cristão — E o que você lhe respondeu?

Fiel — O que lhe respondi? Por um momento, fiquei sem saber o que dizer. Ele me deixou tão nervoso que o sangue me subiu ao rosto. Sim, o tal Vergonha me fez isso, e quase me dominou, mas depois, afinal, ponderei que aquilo que é elevado entre os homens é abominação diante de Deus (Lc 16.15). E refleti novamente: o tal Vergonha me diz o que são os homens, mas nada fala sobre quem é Deus e o que é a sua Palavra. Ponderei ainda que, no dia do juízo, não seremos condenados à morte ou à vida conforme os espíritos intimidadores do mundo, mas conforme a sabedoria e a lei do Altíssimo. Portanto, pensei, o que Deus diz é melhor, embora todos os homens do mundo lhe sejam contrários. Vendo então que Deus prefere a sua religião e a boa consciência, vendo que aqueles que se fazem loucos pelo reino dos céus são os mais sábios, e que o pobre que ama a Cristo é mais rico do que o maior dentre os homens que o odeiam, mandei Vergonha embora. Disse-lhe: "Tu és inimigo da minha salvação. Devo então dar-lhe guarida contra a vontade do meu Senhor soberano? Como então poderia eu olhar nos olhos dele quando da sua vinda? Se agora me envergonho de seus caminhos e servos, como posso esperar a bênção?". Esse tal Vergonha, porém, era de fato um vilão audacioso. Quase não consegui afastá-lo de mim, pois ele me assombrava e continuamente me sussurrava nos ouvidos uma ou outra das enfermidades que acometem a religião. Por fim, eu lhe disse que em vão tentava me convencer, pois as coisas que ele desdenhava, nelas eu via a maior glória. E assim, finalmente, livrei-me desse importuno. Depois de afastá-lo de mim, cantei:

> As provações que vêm ao homem leal,
> Obediente ao chamado celestial,
> São variadas e à carne adequadas,
> E voltam, voltam sempre renovadas;
> Tanto que agora ou quem sabe lá no futuro
> Talvez sejamos vencidos ou expulsos no duro.
> Ah, que os peregrinos estejam atentos então
> E a si mesmo renunciem, homens que são.

Cristão — Vejo com alegria, meu irmão, que você resistiu a esse vilão com muita coragem, pois dentre todos, como você já disse, acho que ele tem o nome errado. Ele é atrevido a ponto de nos seguir pelas ruas, tentando nos cobrir de vergonha perante todos os homens, ou seja, nos deixar envergonhados do que é bom. Não fosse ele audacioso, jamais tentaria fazer o que faz. Portanto, devemos resistir a ele, afinal, não obstante todas as suas intimidações, ele exalta os loucos, e ninguém mais. Os sábios herdarão a glória, disse Salomão, mas a vergonha será a exaltação dos loucos (Pv 3.35).

Fiel — Acho que devemos clamar auxílio contra a vergonha àquele que nos quer valentes pela verdade na terra.

Cristão — Você está certo. Mas não encontrou ninguém mais naquele vale?

Fiel — Não, eu não, pois o sol me acompanhou durante todo o resto da travessia desse vale, como também do Vale da Sombra da Morte.

Cristão — Que ótimo, então! Para mim, as coisas se deram de outro modo. Logo que entrei naquele vale, tive por longo tempo um terrível combate contra um demônio horrendo chamado Apoliom. Cheguei mesmo a pensar que ele me mataria, especialmente quando me derrubou e me esmagou contra o chão, querendo despedaçar-me, pois quando me atingiu, a espada me voou da mão. Ele já tinha como certa a minha morte. No entanto, clamei a Deus, que me ouviu e me libertou de todas as minhas aflições. Depois entrei no Vale da Sombra da Morte, avançando sem luz durante quase metade do caminho. Pensei diversas vezes que ali morreria, mas afinal o dia rompeu, o sol surgiu, e então o resto do caminho foi muito mais fácil e tranquilo.

12

Os falsos mestres

Vi depois em meu sonho que, enquanto os dois caminhavam, Fiel, ao olhar para o lado, viu ao longe (pois nesse trecho havia espaço bastante para todos eles caminharem lado a lado) um homem chamado Tagarela. Era homem alto, e sua aparência era um tanto melhor à distância do que de perto. A esse homem Fiel dirigiu-se assim:

FIEL — Ei, amigo, para onde está indo? Para a terra celestial?

TAGARELA — Sim, é para lá que eu vou.

FIEL — Ótimo. Então esperamos contar com a sua boa companhia.

TAGARELA — É de muito bom grado que serei companheiro de vocês.

FIEL — Venha, então, sigamos juntos, aproveitando o tempo para conversar sobre coisas proveitosas.

TAGARELA — Para mim nada é mais agradável que conversar sobre coisas boas, com vocês ou com qualquer outra pessoa. Alegro-me de ter encontrado gente que gosta de coisa tão excelente. Pois, para falar a verdade, poucos são aqueles que se dedicam a passar o tempo assim (quando em viagem), uma vez que a maioria prefere falar de coisas vãs e isso tem sido um tormento para mim.

FIEL — De fato é algo a lamentar, pois que coisas tão dignas do uso da língua e da boca existem na terra quanto as coisas do Deus dos céus?

TAGARELA — Muitíssimo me agrado de você, pois vejo que suas palavras são plenas de convicção, e ouso até acrescentar: que pode haver de mais agradável e proveitoso do que falar das coisas de Deus? Que coisas tão agradáveis há (isto é, se o homem acha algum prazer em coisas maravilhosas)? Por exemplo, se o homem se deleita em falar da história ou do mistério das coisas, ou se adora falar de milagres, prodígios ou sinais, onde encontrará registro tão prazeroso, e tão belamente escrito, senão nas Escrituras Sagradas?

Fiel — Isso é verdade, e tirar proveito dessas coisas na nossa conversa é justamente o que desejamos.

Tagarela — Foi o que eu disse. Falar sobre isso é muitíssimo proveitoso, já que ao fazê-lo o homem pode alcançar conhecimento de muitas coisas, como da vaidade das coisas da terra e do benefício das coisas de cima. Em geral, porém mais especificamente por meio disso, o homem pode aprender a necessidade do novo nascimento, a insuficiência de nossas obras, a necessidade da justiça de Cristo e assim por diante. Além disso, por meio das conversas o homem pode aprender o que é arrepender-se, crer, orar e sofrer, entre outras coisas. Ainda pela conversa, o homem também pode aprender as grandes promessas e consolações do evangelho, para o seu conforto. E mais, por meio disso o homem pode aprender a refutar falsas opiniões, a defender a verdade e também a instruir o ignorante.

Fiel — Tudo isso é verdade, e alegro-me de ouvir de você essas coisas.

Tagarela — Ai de mim! A falta disso é o motivo por que tão poucos compreendem a necessidade da fé e da obra da graça em sua alma para alcançar a vida eterna. Ignorando esse fato, vivem nas obras da lei, pelas quais o homem de modo nenhum pode alçar-se ao reino dos céus.

Fiel — Mas, com a sua licença, o conhecimento celestial dessas coisas é dom de Deus. Homem nenhum as alcança por ação humanitária ou meramente por falar delas.

Tagarela — Tudo isso sei muito bem, pois o homem nada pode receber a menos que lhe seja dado do céu. Tudo provém da graça, não das obras. Eu poderia citar cem passagens bíblicas que confirmam isso.

Fiel — Pois muito bem. Mas em que tema iremos agora concentrar a nossa conversa?

Tagarela — No que você quiser. Eu falaria de coisas celestes ou terrenas, coisas morais ou evangélicas, coisas sagradas ou profanas, coisas passadas ou vindouras, coisas estranhas ou comuns, coisas mais essenciais ou circunstanciais, contanto que tudo se faça para proveito nosso.

Então Fiel se admirou e, aproximando-se de Cristão (pois este até aqui caminhava afastado dos outros dois), disse-lhe baixinho:

Fiel — Que companheiro magnífico encontramos! Certamente esse homem dará um excelente peregrino

Cristão sorriu modestamente diante disso, dizendo:

Cristão — Esse homem de que tanto você se admira enganará com a língua vinte pessoas que não o conheçam.

Fiel — Então você o conhece?

Cristão — Se o conheço? Sim, e ainda melhor do que ele mesmo se conhece.

Fiel — Diga-me então que espécie de gente ele é.

Cristão — Seu nome é Tagarela. Morava na nossa cidade. Admira-me você ser um estranho para ele. Só pode ser por causa do tamanho da nossa cidade.

Fiel — É filho de quem? E onde morava?

Cristão — É filho de certo Bem Falar e morava na rua da Parola. Todos os que o conhecem lá na rua da Parola o chamam de Tagarela, e, apesar de sua língua de trapo, não passa de um coitado.

Fiel — Ora, ele me parece um homem muito distinto.

Cristão — Isso acontece àqueles que ainda não o conhecem, pois ele é melhor de longe; de perto, é bem desagradável. Isso de você dizer que ele é um homem distinto me faz lembrar o que já observei na obra do pintor cujos quadros parecem melhores de longe, mas que de bem perto são bem desagradáveis.

Fiel — Inclino-me, porém, a pensar que você está apenas brincando, pois sorriu.

Cristão — Longe de mim brincar com esse assunto (embora eu tenha mesmo sorrido), ou de acusar alguém falsamente. Pois vou lhe dizer mais algumas coisas sobre ele: esse homem gosta de qualquer companhia e de qualquer conversa; assim como conversou agora com você, também conversa nas tavernas. Quanto mais bebida tem na cachola, mais fala coisas fúteis. A religião não tem lugar em seu coração, nem em sua casa, nem em sua conduta. Tudo o que ele tem reside na língua, e sua religião é apenas fazer ruídos com ela.

Fiel — É mesmo? Então estou muito enganado a respeito desse homem.

Cristão — Enganado? Pois pode estar certo disso. Lembre-se do provérbio: "Eles dizem e não fazem"; mas "o reino de Deus consiste não em palavras, mas em poder" (Mt 23.3; 1Co 4.20). Ele fala de oração, de arrependimento, de fé e do novo nascimento, mas nada sabe senão falar disso. Frequentei sua família e o observei em casa e na rua, e sei que o que digo dele é verdade. Sua casa é tão vazia de religião quanto a clara do ovo o é de sabor. Não há ali nem oração nem sinal de arrependimento do pecado. Sim, o bruto, ao seu modo, serve a Deus bem melhor do que ele. Ele é a própria nódoa, a própria desgraça, a própria vergonha da religião para todos os que o conhecem. Dificilmente se ouvirá um elogio a ele em toda a região da cidade onde mora. Assim diz a gente comum que o conhece: "Santo na rua e diabo em casa". Sua pobre família bem o sabe. É tão bruto, tão insolente e tão insensato com os seus servos que eles nem sabem o que lhe fazer ou lhe dizer.

— Homens que têm alguma relação com ele — continuou Cristão — dizem que é preferível lidar com os ímpios, pois aqueles serão mais justos do que este. Esse Tagarela, se é que é possível, os suplanta na fraude e no logro. Além disso, ele cria os filhos para que sigam seus passos e, se percebe nalgum deles uma tola timidez (pois assim denomina o primeiro sinal da boa consciência), o chama de néscio e cabeça-dura, e de modo nenhum lhe arruma trabalho nem fala dele elogiosamente diante dos outros. De minha parte, sou de opinião de que ele, por meio de sua vida ímpia, fez muitos tropeçarem e caírem, e se Deus não o impedir, será ainda a ruína de muitos.

Fiel — Pois bem, meu irmão: sou obrigado a acreditar em você, não só porque você diz que o conhece, mas também porque é como cristão que retrata as pessoas. Não posso acreditar que você diz essas coisas por mal, mas sim porque é a mais pura verdade.

Cristão — Se não o conhecesse mais do que você, talvez dele tivesse a mesma impressão que você teve de início. Sim, e se esse retrato viesse somente de inimigos da religião, eu o consideraria calúnia (coisa que muitas vezes os homens maus fazem ao nome e à profissão dos bons homens). Mas de todas essas coisas, e ainda de muitas outras igualmente ruins, posso provar que ele é culpado, e isso o sei por conhecimento direto. Além disso, os bons homens se envergonham dele. Não podem chamá-lo nem irmão nem amigo; a própria menção de seu nome entre os bons os faz corar, se o conhecem.

Fiel — Bom, vejo que dizer e fazer são coisas diferentes, e de agora em diante é melhor que eu note essa diferença.

Cristão — De fato são duas coisas distintas, e tão diversas quanto a alma e o corpo. Pois assim como o corpo sem a alma não passa de carcaça morta, também o falar vazio não passa de carcaça sem vida. A alma da religião é a prática: "A religião que Deus, o nosso Pai, aceita como pura e imaculada é esta: cuidar dos órfãos e das viúvas em suas dificuldades e não se deixar corromper pelo mundo" (Tg 1.27). Disso Tagarela não se dá conta; ele acha que ouvir e falar fazem um bom cristão, e assim engana a própria alma. Ouvir é somente a semeadura; falar não é suficiente para provar que o fruto já está de fato no coração e na vida. É bom saber que no dia do juízo os homens serão julgados segundo os seus frutos, pois não lhes será perguntado: "Vocês acreditaram?", mas "Vocês foram praticantes ou meramente faladores?". E assim serão julgados. O fim do mundo se compara a nossa colheita, e você sabe que os homens na ceifa só consideram o fruto; tampouco nada se pode aceitar que não seja da fé. Falo isso para lhe mostrar como a confissão de Tagarela será insignificante naquele dia.

Fiel — Isso me faz lembrar Moisés, quando ele determina as características do animal puro. Puro é o animal que tem casco fendido e rumina, não o que tem somente casco fendido ou o que somente rumina. A lebre rumina, mas é mesmo assim impura, pois não tem casco fendido (Lv 11.3-8; Dt 14.6-8). E de fato isso faz lembrar Tagarela; ele rumina, busca o conhecimento, rumina sobre a Palavra, mas não tem o casco fendido, não se afasta do caminho dos pecadores, pois, como a lebre, tem pé de cão ou urso e, portanto, é impuro.

Cristão — Você revelou, pelo que sei, o verdadeiro sentido evangélico desses textos, e acrescentarei ainda uma coisa. Paulo chama alguns homens, sim, e os grandes faladores também, de "sino que ressoa" e "prato que retine", ou seja, como ele expõe em outra passagem, "coisas inanimadas que produzem sons" (1Co 13.1; 14.7). Coisas sem vida, isto é, sem a verdadeira fé e graça do evangelho, e consequentemente coisas que jamais serão postas no reino dos céus entre os que são filhos da vida, embora o som de suas palavras seja como a língua ou a voz de um anjo.

Fiel — Bom, não gostei tanto da companhia dele de início, mas agora estou realmente farto dela. O que faremos para nos livrar dele?

Cristão — Acate o meu conselho e faça como eu mando. Você verá que ele também logo estará farto da sua companhia, a não ser que Deus toque o coração dele e o converta.

Fiel — O que você quer que eu faça?

Cristão — Pois vá até ele e trave uma conversa séria sobre o poder da religião, e pergunte-lhe diretamente (depois que ele tiver aprovado as suas palavras, pois certamente o fará) se isso está arraigado no coração, na casa ou na conduta dele.

Então Fiel foi novamente falar com Tagarela:

Fiel — Ora, ora, como estão as coisas?

Tagarela — Muito bem, obrigado. Acho que deveríamos aproveitar o momento e travar uma longa conversa.

Fiel — Pois se é da sua vontade, comecemos já. E como você me cedeu o direito de fazer a pergunta inicial, seja esta: como a graça salvífica de Deus se revela quando no coração do homem?

Tagarela — Percebo que nossa conversa deve versar sobre o poder das coisas. Bom, eis aí uma pergunta muito boa, e certamente é de bom grado que lhe respondo. E aqui vai a minha resposta, em breves palavras: primeiro, se a graça de Deus está no coração, lá ela provoca um grande clamor contra o pecado. Em segundo lugar...

Fiel — Espere, por favor; ponderemos um argumento por vez. Acho que seria melhor dizer que ela se revela inclinando a alma a detestar o pecado.

Tagarela — Ora, que diferença há entre clamar contra e detestar o pecado?

Fiel — Ah! Uma grande diferença. O homem pode clamar contra o pecado ou a astúcia, mas não pode detestá-lo senão em face de uma piedosa antipatia contra dele. Já ouvi muitos clamarem contra o pecado no púlpito, gente que, no entanto, o abriga muito bem no peito, na casa e na conduta. A senhora de José clamou com voz bem alta, como se fora muito santa, mas apesar disso teria de bom grado cometido com ele o pecado. Alguns clamam contra o pecado como a mãe grita com a filha no colo, chamando-a atrevida e malcriada, para logo depois abraçá-la e beijá-la.

Tagarela — Percebo que você espreita a ocasião de me surpreender em erro.

Fiel — Não, não. Pretendo apenas esclarecer bem as coisas. Mas qual é a segunda coisa pelo que você provaria a revelação da obra da graça no coração?

Tagarela — Um grande conhecimento dos mistérios do evangelho.

Fiel — Esse sinal deveria ter vindo primeiro, mas, primeiro ou último, é também falso. Pode-se alcançar conhecimento, grande conhecimento, dos mistérios do evangelho, sem, no entanto, haver nenhuma obra da graça na alma, pois mesmo se o homem possui todo o conhecimento, ainda assim pode nada ser e, consequentemente, não ser filho de Deus. Quando Cristo disse: "Vocês entenderam todas estas coisas?", e os discípulos responderam: "Sim", ele acrescentou: "Felizes serão se as praticarem" (Mt 13.51; Jo 13.17). Ele não bendiz o conhecimento deles, mas a prática, pois há conhecimento alheio à ação: aquele que conhece a vontade do Mestre e não a põe em prática. O homem pode ter o mesmo conhecimento que um anjo, sem, no entanto, ser cristão. Sendo assim, o seu sinal não é verdadeiro. Na realidade, conhecer é algo que agrada a faladores e fanfarrões, mas é a prática que agrada a Deus. Não que o coração possa ser bom sem conhecimento, pois sem isso o coração nada é. Há, portanto, conhecimentos e conhecimentos: o conhecimento que se funda na mera especulação, e o conhecimento acompanhado da graça da fé e do amor, que leva o homem a fazer, de coração, a vontade mesma de Deus. O primeiro desses serve ao falador, mas, sem o segundo, o verdadeiro cristão não se contenta. "Dá-me entendimento, para que eu guarde a tua lei e a ela obedeça de todo o coração" (Sl 119.34).

Tagarela — Você novamente espreita a ocasião de me surpreender em erro. Isso não é edificante.

Fiel — Bom, se é da sua vontade, proponha outro sinal de como essa obra da graça revela a sua presença.

Tagarela — Não, pois vejo que não concordaremos.

Fiel — Bom, se não quer fazê-lo, permita-me então propor um sinal.

Tagarela — Você tem toda a liberdade.

Fiel — A obra da graça na alma se revela tanto àquele que a tem quanto a observadores. Àquele que a tem, assim se revela: dá-lhe convicção do pecado, especialmente da corrupção de sua natureza e do pecado da descrença (pelo qual certamente será condenado, se não encontrar misericórdia aos olhos de Deus pela fé em Jesus Cristo). Essa visão e percepção das coisas provocam nele pesar e vergonha pelo pecado. Além disso, encontra revelado em si o Salvador do Mundo, e a absoluta necessidade de apegar-se a ele por toda a vida. E na vida encontra a fome e a sede às quais se fez a promessa. Ora, segundo a força ou a fraqueza da sua fé no Salvador é a sua alegria e a sua paz, o seu amor e a sua santidade, como também o desejo de mais conhecê-lo e também de servi-lo neste mundo.

— Embora eu diga que isso assim se revela nele — continuou Fiel —, é raro, porém, o homem que esteja capacitado a concluir que isso é obra da graça, pois suas corrupções e sua razão distorcida fazem a mente avaliar erroneamente a questão. Portanto, do possuidor dessa obra exige-se juízo bastante sensato para que possa concluir, com firmeza, que se trata da obra da graça. Aos outros, revela-se do seguinte modo. Primeiro, por uma confissão experimental da sua fé em Cristo. Segundo, por uma vida coerente com essa confissão, ou seja, vida de santidade: santidade no coração, santidade na família (se ele tiver família) e santidade na conduta neste mundo. Em geral, isso o ensina a detestar no íntimo, em segredo, o pecado e a si mesmo; ensina-o a extirpá-lo de sua família e a promover a santidade no mundo, não por palavras somente, como faz o hipócrita ou o falador, mas pela submissão prática na fé e no amor ao poder da palavra.

— E agora, meu caro — concluiu Fiel —, se você tem algo a contrapor a essa breve descrição da obra da graça, e também à sua revelação, por favor, faça-o. Caso contrário, peço permissão para propor uma segunda pergunta.

Tagarela — Não, meu papel agora não é objetar, mas ouvir. Que venha, portanto, a segunda pergunta.

Fiel — Ei-la: você porventura vivencia hoje a primeira parte da descrição da obra da graça? E será que a sua vida e conduta a testificam? Ou será que a sua religião se funda somente na palavra e na língua, e não em atos e verdade? Peço que, caso se disponha a responder-me essa pergunta, nada mais diga senão o que saiba que o Deus lá do alto confirmará com um "amém", e também nada a não ser aquilo em que a sua consciência possa justificá-lo. Porque não é aprovado quem recomenda a si mesmo, e, sim, aquele a quem o Senhor recomenda (2Co 10.18). Além disso, dizer que sou assim ou assado, quando a minha conduta e todos os meus vizinhos me dizem que minto, isso é grande impiedade.

Tagarela então começou a corar, mas recobrou-se e replicou:

Tagarela — Você agora fala de experiência, de consciência, de Deus e de apelos a Deus em busca de justificação de seus argumentos. Confesso que não esperava esse tipo de discurso, nem estou disposto a responder a tais perguntas, pois não me julgo obrigado a fazê-lo, a menos que você se tenha arrogado a tarefa de catequizar-me. Embora você até deva agir assim, eu posso recusar-me a fazer de você meu juiz. Mas rogo que me responda: por que me faz essas perguntas?

Fiel — Porque julguei que você estava disposto a conversar, e porque não sabia que você não fazia sequer ideia do assunto. Além do mais, para lhe dizer a verdade, já ouvi falar de você. Ouvi que é homem cuja religião se funda nas palavras, e que a sua conduta desmente a sua confissão, confissão que é somente da boca para fora. Dizem que você é uma nódoa entre os cristãos; que a sua conduta impiedosa só faz piorar a religião; que alguns já tropeçaram devido a seus caminhos iníquos, e ainda muitos correm o risco de destruição por sua causa. A sua religião anda de mãos dadas com a taverna, a cobiça, a impureza, a injúria, a mentira, a vã companhia, e assim por diante. Vale para você o provérbio que se diz de uma meretriz: assim como ela é vergonha para todas as mulheres, também você é vergonha para todos os crentes.

Tagarela — Já que você não hesita em emitir conceitos e em julgar tão cruamente assim, só posso concluir que estou diante de um homem rabugento e melancólico, com quem é impossível conversar. Portanto, adeus.

Logo Cristão se aproximou e disse ao seu irmão:

Cristão — Eu lhe disse o que aconteceria. Suas palavras não iriam jamais concordar com as paixões desse homem. Ele prefere abandonar a sua companhia a reformar a própria vida, e ele se foi, como eu previa. Deixe que vá. Quem perde é somente ele mesmo, ninguém mais. Tagarela nos poupou o trabalho de nos afastarmos dele, pois se ele mantivesse a mesma conduta, como suponho que faria, certamente seria um espinho entre nós. Além disso, diz o apóstolo: "Afaste-se dessa gente" (1Tm 6.5).

Fiel — Mas estou contente por termos travado essa breve conversa com ele. Quem sabe até venha a ponderar novamente a questão. Porém, fui sincero e, portanto, estou livre de seu sangue, se ele vier a perecer.

Cristão — Bem você fez ao falar assim tão francamente com ele. Hoje é difícil encontrar quem aja em relação aos homens com tamanha fidelidade, e é isso que de fato torna a religião tão repugnante para muitos. Pois são esses tolos tagarelas, cuja religião é só da boca para fora, gente debochada e vã em sua conduta, que (sendo assim mesmo admitidos na comunhão dos piedosos) fazem tropeçar o mundo, mancham o cristianismo e entristecem os sinceros. Quisera que todos os homens os tratassem assim, como você o fez. Eles ou se ajustariam mais à religião, ou então a companhia dos santos lhes seria ardente demais.

Então disse Fiel:

> Como Tagarela pavoneava-se no início!
> E com que coragem cuspia o bulício!
> Como supunha vexar todo homem são!
> Porém Fiel falou da obra do coração,
> E ele minguou como no céu a lua;
> Como também todo insincero recua.

Assim, foram conversando sobre o que haviam visto pelo caminho, e o percurso tornou-se menos pesado, pois, não fosse isso, sem dúvida lhes seria tedioso, já que atravessavam um deserto.

13

Perseguição e morte na Feira das Vaidades

Quando quase chegavam ao final do deserto, Fiel, ao olhar para trás, avistou alguém que os seguia e o reconheceu.

— Olhe! — disse Fiel a seu irmão. — Veja quem vem lá.

Cristão olhou e disse:

— É o meu bom amigo Evangelista.

— É, e também grande amigo meu — disse Fiel. — Foi ele quem me indicou o caminho até a porta.

Assim, Evangelista os alcançou, saudando-os.

Evangelista — A paz esteja com vocês, amados, e paz também aos seus auxiliadores.

Cristão — Bem-vindo, muito bem-vindo, meu bom Evangelista. A visão do seu rosto me faz lembrar a sua bondade, o seu incansável esforço pelo meu bem-estar eterno.

Fiel — Mil vezes seja bem-vindo. Como é desejável a nós, pobres peregrinos, a sua companhia, caríssimo Evangelista!

Evangelista — Como têm passado, meus amigos, desde que nos separamos? O que encontraram pelo caminho, e como vêm se saindo?

Então Cristão e Fiel lhe contaram todas as coisas que lhes aconteceram pelo caminho, e como e com que dificuldade tinham chegado àquele local.

Evangelista — Muito contente estou, não por vocês terem enfrentado provações, mas por terem se saído vitoriosos, e porque (apesar das muitas fraquezas) continuaram no caminho até este dia. Repito: estou muito contente por isso, e não só por vocês, mas também por mim mesmo. Pois semeei e vocês colheram, e vem o dia em que tanto o que semeou quanto os que colheram se alegrarão juntos (Jo 4.36). Isso quer dizer que, se vocês perseverarem e não desfalecerem, no tempo devido colherão (Gl 6.9). A coroa está diante de vocês, e é coroa incorruptível. Corram, portanto, para alcançá-la (1Co 9.24-27). Alguns há que partiram em busca dessa coroa, mas, depois de muito avançarem rumo a ela, outro veio e a tomou deles. Agarrem, portanto, o que vocês têm; não deixem que homem nenhum tome a sua coroa (Ap 3.11). Vocês não estão ainda fora do alcance dos disparos do Diabo. Na sua luta contra o pecado, ainda não resistiram até ao sangue. Mantenham o reino sempre diante de vocês e creiam firmemente nas coisas invisíveis. Não deixem que as coisas deste mundo se arraiguem em vocês e, acima de tudo, vigiem bem o seu coração e as suas paixões, pois são enganadoras mais que todas as coisas, e desesperadamente iníquas. Que o seu rosto seja como a rocha. Vocês têm ao seu lado todo o poder no céu e na terra.

Cristão agradeceu-lhe a exortação, mas disse ainda que gostariam que ele lhes falasse mais para proveito deles, durante o resto do dia, e o mais possível. Eles bem sabiam que Evangelista era profeta e poderia falar de coisas que talvez viessem a lhes acontecer, e de como poderiam resistir a essas coisas para superá-las. Fiel também reforçou o pedido. Então Evangelista tomou a palavra e disse:

— Meus filhos, vocês já ouviram nas palavras verdadeiras do evangelho que é preciso passar por muitas amarguras para entrar no reino dos céus. E também que em cada cidade encontrarão grilhões e aflições, não devendo esperar, portanto, seguir na peregrinação sem tais coisas, de um modo ou de outro. Vocês já enfrentaram algo da verdade desses testemunhos, e adiante mais disso lhes virá. Agora, como podem ver, estão quase no final deste deserto e, portanto, logo chegarão a uma cidade. Nela vocês serão duramente atormentados pelos inimigos, que muito se esforçarão por matá-los. Podem estar certos de que um de vocês, ou ambos, precisará selar o testemunho que sustentam com o próprio sangue. Contudo, sejam fiéis até a morte, e o Rei lhes dará a coroa da vida.

— Aquele que há de morrer ali — continuou — de morte não natural e provavelmente entre muitas dores, terá, porém, quinhão melhor que seu companheiro, não só porque chegará mais cedo à Cidade Celestial, mas porque será poupado de muitas angústias que o outro encontrará no restante da jornada. Quando, porém, chegarem à cidade, e se cumprirem o que acabei de lhes dizer, então lembrem-se desse seu amigo e procedam como homens, e não deixem de conservar a sua alma para Deus, seu fiel Criador.

Então vi em meu sonho que, ao sair do deserto, os dois peregrinos logo viram à frente uma cidade, e seu nome era Vaidade. Lá acontece uma feira chamada Feira das Vaidades, pois a cidade é mais frívola que a vaidade, e também porque tudo o que se vende ali ou que ali chega é vaidade. Como diz o sábio: "Tudo o que vem é vaidade" (Ec 1.2).

Essa feira não é negócio novo, mas muito antigo; vejam só sua origem.

Quase cinco mil anos atrás, já havia peregrinos caminhando rumo à Cidade Celestial, como hoje essas duas pessoas honestas. Belzebu, Apoliom e Legião, com seus companheiros, percebendo que o caminho dos peregrinos rumo à cidade sempre passava por esse local chamado Vaidade, planejaram então estabelecer ali uma feira, em que se vendesse toda sorte de vaidades, e que durasse o ano inteiro.

Assim, nessa feira vende-se todo tipo de mercadoria: casas, terras, negócios, lugares, honrarias, títulos, países, reinos, paixões, prazeres e deleites de toda espécie, como também meretrizes, cafetinas, esposas, maridos, filhos, senhores, servos, vidas, sangue, corpos, almas, prata, ouro, pérolas, pedras preciosas e tudo mais.

E, além disso, nessa feira sempre se veem mágicas, engodos, jogos, brincadeiras, palhaços, mímicos, ilusionistas e velhacos de toda sorte. Ali também se veem, e sem motivo, furtos, assassinatos, adultérios, perjúrios, tudo bem tingido de vermelho-sangue.

Como em outras feiras de menor importância, há várias vielas e ruas de nomes característicos, onde se vendem tais e quais mercadorias. Assim, igualmente, os produtos de certos países e reinos são vendidos em locais, vielas e ruas determinadas. Há, por exemplo, a rua Britânica, a viela Francesa, a via Italiana, a travessa Espanhola, a alameda Alemã, onde se vendem vários tipos de vaidade.

Mas, como em outras feiras, certo produto funciona como carro-chefe de todo o negócio. Nessa, os artigos de Roma são fartamente divulgados. Somente a nação inglesa, ao lado de algumas outras, desenvolveu repulsa pela agitação.

Ora, como já disse, o caminho até a Cidade Celestial passa justamente por esse lugar onde acontece essa feira devassa, e aquele que vai à cidade mas não passa por tal lugar deve, necessariamente, "sair do mundo" (1Co 5.10). O próprio Príncipe dos príncipes, quando aqui esteve, passou por essa cidade rumo a sua própria terra, e isso também em dia de feira. Sim, e acho até que foi Belzebu, senhor e líder da feira, que o convidou a comprar de suas vaidades.

Se Cristo, ao passar pela cidade, tivesse adorado Belzebu, este o teria feito senhor da feira. Sim, por ser ele pessoa de dignidade, Belzebu o levou de rua em rua, mostrando-lhe em pouco tempo todos os reinos do mundo para, se possível, incitar o Bem-aventurado a barganhar e comprar algumas de suas vaidades (Mt 4.8-9; Lc 4.5-7). Mas ele não se interessou nem um pouco pelos artigos e, assim, deixou a cidade sem gastar sequer um centavo com esses produtos. A feira, portanto, é coisa antiga, de longa data, e extremamente ampla e variada.

Esses peregrinos, como já mencionei, precisavam atravessar a feira. E assim fizeram. Mas eis que, ao entrar na feira, todas as pessoas da feira como também da própria cidade lhes abriram caminho, formando um rebuliço em torno deles, por diversas razões.

Primeiro, os peregrinos trajavam vestes muito diferentes daquelas usadas por qualquer um dos que negociavam na feira. Por conseguinte, as pessoas da feira não tiravam os olhos deles. Alguns diziam que eram idiotas, outros que eram lunáticos, outros ainda, bárbaros estrangeiros.

Segundo, assim como admiraram os trajes dos dois homens, também se espantaram com o que diziam, pois poucos conseguiam entender o que falavam. Eles naturalmente falavam a língua de Canaã, mas os que tocavam a feira eram homens deste mundo. Portanto, de um lado a outro da feira, pareciam bárbaros uns para os outros.

Terceiro, e algo que não provocou a menor admiração nos mercadores, os peregrinos mal chegavam a reparar nos artigos à venda; nem sequer se dignavam olhar as mercadorias e, se os chamavam para oferecer algum produto, os dois tapavam os ouvidos, bradavam: "Desvia os meus olhos das coisas inúteis" (Sl 119.37), e olhavam para o alto, sugerindo que seus negócios estavam lá no céu.

Certo homem, observando o comportamento dos dois, disse zombeteiro:

— O que vocês vão comprar?

Mas eles, lançando-lhe olhar grave, disseram:

— Compramos a verdade (Pv 23.23).

Isso serviu de motivo para que desprezassem ainda mais os peregrinos. Alguns escarneciam, outros ridicularizavam, outros repreendiam, e alguns arrebanhavam gente para espancá-los.

Por fim, a coisa se transformou em tumulto e grande rebuliço na feira, desembocando em total desordem. Logo a notícia chegou ao maioral da feira, que rapidamente desceu e designou alguns de seus amigos mais fiéis para inquirir os dois homens, em virtude de quem a feira praticamente parara.

Os peregrinos, então, foram levados à corte. Os que se postaram diante deles lhes perguntaram de onde vinham, para onde iam e o que ali faziam trajando vestes tão bizarras. Os dois lhes disseram que eram peregrinos e forasteiros neste mundo e que seguiam para sua própria terra, que era a Jerusalém celeste, e não haviam dado nenhum motivo aos homens da cidade, nem aos mercadores, para tratá-los assim e impedir sua jornada. Exceto que, quando alguém lhes perguntou o que comprariam, responderam que comprariam a verdade.

Mas os que foram designados para inquiri-los não acreditaram senão que eles eram lunáticos ou loucos mendicantes, ou então gente que viera à feira para instaurar a desordem. Assim, eles os agarraram e os espancaram, e os emporcalharam de imundícies, jogando-os depois em uma cela, para que servissem de espetáculo para todo o povo da feira. Ali ficaram por algum tempo, e eram alvo de escárnio, malícia ou vingança de todos. E o maioral da feira ria de tudo o que lhes acontecia.

Os homens, porém, foram pacientes, e não retribuíam insulto com insulto, mas, pelo contrário, abençoavam e retribuíam o mal com boas palavras, e as injúrias com bondade. Diante disso, alguns homens da feira, mais perspicazes e menos preconceituosos que os outros, passaram a repreender e censurar os mais vis pelas contínuas violências praticadas contra os peregrinos. Aqueles, porém, irritados, voltaram-se contra seus repreensores e, considerando-os desprezíveis como os homens da cela e acusando-os de cumplicidade, ameaçavam prendê-los junto com os peregrinos, fazendo-os passar pelos mesmos infortúnios.

Os outros retrucaram que, pelo que podiam ver, os dois homens estavam calados e sóbrios, e não queriam fazer mal a ninguém, pois na feira havia muitos mercadores mais merecedores da cela, e mesmo do pelourinho, do que os peregrinos que eles afligiam.

Assim, após muita discussão entre os dois partidos (enquanto os peregrinos se portavam muito sábia e sobriamente perante eles), trocaram as palavras pela força bruta, e muitos saíram feridos. Então os dois peregrinos foram novamente levados à presença de seus inquiridores, acusados de provocar novo tumulto na feira. Foram cruelmente açoitados e, presos em grilhões, desfilaram pela feira como exemplo e terror para os outros, para que ninguém mais os defendesse nem se unisse a eles.

Cristão e Fiel, no entanto, se comportaram ainda mais sabiamente, e aceitaram a ignomínia e a vergonha que lhes era lançada ao rosto com tanta mansidão e paciência que conquistaram para a sua causa vários homens da feira (embora bem poucos em comparação com os outros). Isso enfureceu ainda mais o outro partido, que então concluiu ser a morte dos dois a única saída. Assim, argumentaram que nem a cela nem os grilhões serviam mais e que mereciam a morte pela violência que provocaram e por terem iludido os homens da feira.

Foram mandados de volta à cela, até que se expedisse nova ordem a respeito dos dois. No cárcere, ainda suportaram o suplício do tronco.

Ali, novamente se lembraram do que ouviram de seu fiel amigo Evangelista e se sentiram ainda mais confirmados em seu caminho e em seus padecimentos por aquilo que lhes dissera que ocorreria. Também se consolavam um ao outro, ponderando que aquele cujo quinhão fosse a dor, esse teria a melhor recompensa; assim, cada um dos dois, secretamente, desejava ser o escolhido. Porém, ambos se colocavam à sábia mercê daquele que rege todas as coisas e, conformados, aceitavam a miséria em que se achavam, até que as coisas tomassem novo rumo.

Então, no tempo oportuno, foram levados a julgamento para que fossem condenados. Chegada a hora, foram apresentados perante seus inimigos e acusadores; o juiz se chamava Ódio-ao-bem. A acusação era essencialmente a mesma para os dois, e, embora variasse ligeiramente na forma, o conteúdo era o seguinte:

"Eram inimigos e perturbadores dos negócios. Haviam provocado tumulto e divisões na cidade, e arrebanharam um partido para suas perigosíssimas opiniões, em desrespeito à lei do príncipe."

Então Fiel pediu a palavra e disse que só se insurgiu contra o que antes se insurgira contra o Sublime dos sublimes. Disse ele:

— Quanto aos distúrbios, não os provoquei, sendo eu homem de paz. O grupo que tomou nosso partido o fez por enxergar em nós a verdade e a inocência, e nada mais fizeram que trocar o pior pelo melhor. Quanto ao rei de que os senhores falam, sendo ele Belzebu, inimigo de nosso Senhor, eu resisto a ele e a todos os seus anjos.

Então convocaram à frente os homens escolhidos para testemunhar pelo senhor, o rei, contra o prisioneiro. Surgiram três testemunhas, a saber, Inveja, Superstição e Bajulação. As três foram interrogadas. Perguntaram se elas conheciam o prisioneiro presente no tribunal e o que tinham a dizer a favor de seu senhor, o rei, e contra Fiel.

Inveja logo se adiantou, dizendo:

— Meritíssimo, já conheço este homem há muito tempo e atesto sob juramento perante esta respeitada corte que ele é...

Juiz — Espere, que antes preste juramento.

Então a fizeram jurar. E novamente a testemunha tomou a palavra:

— Meritíssimo, este homem, apesar de seu nome plausível, é um dos homens mais vis da nossa terra, pois não respeita príncipe nem povo, lei nem costume, mas faz tudo o que pode para conquistar todos os homens com algumas das suas ideias desleais, que ele em geral denomina princípios de fé e santidade. E, em especial, eu mesmo o ouvi certa feita afirmar que o cristianismo e os costumes da nossa cidade de Vaidade eram diametralmente opostos e não podiam se conciliar. Por tais palavras, meritíssimo, ele não apenas condena de uma só vez todos os nossos louváveis atos, mas também nos condena a nós, que os realizamos.

Juiz — Você tem algo mais a dizer?

Inveja — Meritíssimo, eu poderia dizer ainda muito mais, mas não quero entediar a corte. Porém, se necessário for, depois que os outros cavalheiros tiverem apresentado suas provas, caso ainda falte algum elemento para condená-lo, poderei então acrescentar mais coisas ao meu testemunho.

Então a testemunha recebeu ordens de aguardar. Em seguida, convocaram Superstição e mandaram que olhasse para o prisioneiro. Perguntaram-lhe também o que poderia dizer pelo senhor seu rei contra o réu. Assim, depois de prestar juramento, a segunda testemunha tomou a palavra:

Superstição — Meritíssimo, não tenho grande familiaridade com este homem, e longe de mim conhecê-lo mais a fundo. Contudo, isto sei: trata-se de homem altamente pernicioso, coisa que deduzi da conversa que outro dia travei com ele nesta cidade. Conversando então com este homem, ouvi-o dizer que nossa religião era nada, que por meio dela homem nenhum poderia jamais agradar a Deus. Bem sabe o meritíssimo juiz que dessas palavras necessariamente se infere que adoramos em vão, que chafurdamos, portanto, no pecado e que, consequentemente, seremos condenados. É isso o que tenho a dizer.

Depois foi a vez de Bajulação prestar juramento. A seguir, perguntaram-lhe o que sabia e diria, em nome de seu senhor, o rei, contra o prisioneiro presente no tribunal.

Bajulação — Meritíssimo e senhores presentes: já conheço este homem há muito tempo, e o ouvi falar coisas que não se devem falar. Ele injuriou nosso nobre príncipe Belzebu e falou desdenhosamente de seus honrados amigos, cujos nomes são lorde Velho Homem, lorde Prazer Carnal, lorde Lascivo, lorde Desejo de Vanglória, meu velho lorde Luxúria, o barão Ganância e todos os outros nobres da corte. Ele disse ainda que, se todos os homens acatassem sua opinião, se possível fosse, nem sequer um desses nobres continuaria a viver nesta cidade. Além disso, ele não temeu sequer insultar o senhor, meritíssimo, hoje designado para ser seu juiz, chamando-o de impiedoso patife, além de muitos outros termos igualmente aviltantes, com que difamou a maior parte da aristocracia da nossa cidade.

Findo o falso testemunho de Bajulação, o juiz dirigiu-se ao prisioneiro, dizendo:

— Apóstata, herege e traidor! Você ouviu o que esses honestos cavalheiros testemunharam contra você?

Fiel — Posso porventura dizer algumas palavras em minha defesa?

Juiz — Calado, calado! Você não merece mais viver, mas sim morrer aqui mesmo no tribunal. Para que todos testemunhem nossa bondade para com você, porém, ouçamos o que tem a dizer.

Fiel — Em primeiro lugar, digo então, em resposta às palavras do sr. Inveja, que jamais disse nada mais do que isto: que qualquer regra, lei, costume ou povo nitidamente contrário à Palavra de Deus é diametralmente oposto ao cristianismo. Se algo de errado falei nisso, peço que me convençam do meu erro, e aqui me prontifico perante os senhores a me retratar.

— Em segundo lugar — continuou —, quanto ao sr. Superstição e sua acusação contra mim, só disse eu o seguinte: que na adoração de Deus exige-se fé divina, mas não pode haver fé divina sem a divina revelação da vontade de Deus. Portanto, tudo o que se insere no culto a Deus que não esteja de acordo com a revelação divina não se pode fazer senão por fé humana, fé que nada valerá para a vida eterna.

— Em terceiro lugar — concluiu Fiel —, quanto ao que disse o sr. Bajulação, afirmo (evitando os termos que, segundo se diz, eu teria usado, ou outros semelhantes) que o príncipe desta cidade, junto com todo o seu séquito, devidamente nomeado por esse cavalheiro, deveriam estar antes no inferno do que nesta cidade ou neste país. Portanto, que o Senhor tenha misericórdia de mim.

Então o juiz convocou o júri (que durante todo esse tempo esteve presente, para ouvir e observar):

— Cavalheiros do júri, os senhores veem aqui este homem que provocou tão grande tumulto nesta cidade. Também ouviram o que esses respeitados senhores testemunharam contra ele; ouviram ainda sua resposta e confissão. Cabe agora a sua consciência enforcá-lo ou salvar-lhe a vida. Mas acho conveniente instruí-los antes acerca de nossa lei.

— Baixou-se um decreto nos dias de Faraó, o Grande, servo de nosso príncipe — prosseguiu o juiz —, determinando que, a fim de que os fiéis de uma religião contrária não se multiplicassem nem se fortalecessem demais diante dele, os homens da seita seriam atirados no rio (Êx 1). Baixou-se também um decreto nos tempos de Nabucodonosor, o Grande, outro de seus servos, determinando que todo aquele que não se prostrasse para adorar a sua estátua de ouro seria atirado em uma fornalha ardente. Houve ainda outro decreto, baixado nos dias de Dario, que determinava que todo aquele que, por algum tempo, invocasse qualquer deus que não o seu deveria ser lançado na cova dos leões (Dn 3; 6). Ora, esse rebelde violou a essência dessas leis, e não só em pensamento (que não se deve abrigar), mas também em palavra e ato, o que não se deve de modo algum tolerar.

— Quanto ao caso de Faraó — concluiu —, sua lei foi elaborada com o intuito de evitar a má conduta, não sendo ainda nenhum crime patente. Aqui, porém, temos um crime patente. Quanto ao segundo e ao terceiro decretos, os senhores veem que Fiel contestou a nossa religião e, como acabou de confessar tal traição, merece nada menos do que a morte.

Então saíram os membros do júri, cujos nomes eram sr. Cego, sra. Injustiça, sr. Malicioso, sra. Lascívia, sr. Libertino, sra. Imprudência, sr. Pretensioso, sra. Malevolência, sr. Mentiroso, sra. Crueldade, sr. Ódio-à-luz e sr. Implacável. Cada um deles deu seu veredicto privado contra o réu, e depois unanimemente decidiram considerá-lo culpado perante o juiz. E assim pronunciou-se o sr. Cego, o primeiro jurado:

— Vejo claramente que este homem é um herege.

— Despachemos este homem da terra — disse depois a sra. Injustiça.

— Sim — concordou o sr. Malicioso —, pois não suporto sequer olhar para ele.

— Eu nem posso aturá-lo mais — falou a sra. Lascívia.

— Nem eu — acordou o sr. Libertino — pois ele viveria sempre condenando a minha conduta.

— Enforquem-no, enforquem-no — bradou a sra. Imprudência.

— Mísero vira-lata! — vociferou o sr. Pretensioso.

— Meu coração palpita contra ele — falou a sra. Malevolência.

— É um velhaco — acusou o sr. Mentiroso.

— Enforcá-lo é bom demais para ele — pronunciou-se a sra. Crueldade.

— Vamos tirá-lo do caminho — sugeriu o sr. Odio-à-luz.

Por fim, falou o sr. Implacável:

— Se todo o mundo fosse meu, ainda assim não me conciliaria com ele, portanto importa que imediatamente o condenemos à pena de morte.

E assim se fez. Condenou-se imediatamente o réu a ser despachado do lugar em que estava àquele de onde viera, para que ali sofresse a morte mais cruel que se pudesse conceber. Portanto, levaram-no para fora para executá-lo segundo a lei. Primeiro o açoitaram, depois o espancaram, a seguir lancetaram sua carne com facas. Mais tarde ainda o apedrejaram, o espetaram com espadas, por fim o queimaram na fogueira, até virar cinzas. Foi esse o fim de Fiel.

Ora, vi que por trás da multidão havia uma carruagem e uma parelha de cavalos esperando por Fiel, que (assim que seus adversários o mataram) foi levado ate lá e imediatamente transportado pelas nuvens, ao toque de trombetas, caminho mais curto até o Portão Celestial.

Quanto a Cristão, este teve certo alívio, e foi mandado de volta à prisão, onde permaneceu por determinado tempo. Mas aquele que tudo governa, detendo nas mãos o poder de sua fúria, quis que Cristão aproveitasse a oportunidade para fugir, retomando seu caminho. E, caminhando, cantou:

Bom Fiel, fielmente confessaste ao teu Senhor.
Com ele tu terás a bênção no esplendor,
Mas os infiéis e seus vãos bacanais
Lamentarão debaixo de dores infernais.
Canta, Fiel, canta, e teu nome sobreviva;
Que depois da morte vem a vida efusiva.

14

Cristão reinicia seu caminho com um novo companheiro

Vi então em meu sonho que Cristão não seguia sozinho, pois certo homem de nome Esperançoso (assim chamado depois de confirmada sua fé ao observar Cristão e Fiel em suas palavras, em sua conduta e em seus padecimentos na feira) uniu-se a ele e, firmando fraterna aliança, asseverou-lhe que seria seu companheiro.

Assim, um morreu para dar testemunho da verdade, mas outro nasceu de suas cinzas para servir de companheiro a Cristão. Esperançoso também disse a Cristão que muitos outros homens da feira aguardariam algum tempo antes de segui-los.

E vi que, logo depois de deixarem a feira, alcançaram certo homem que saíra antes deles, chamado Interesse Próprio, a quem disseram:

— De que terras vem o senhor? E até onde pretende seguir neste caminho?

Respondeu que vinha da cidade das Boas Palavras e seguia rumo à Cidade Celestial (mas não lhes disse o nome).

— De Boas Palavras? — disse Cristão. — E vive lá algum homem bom?

Interesse Próprio — Acho que sim.

Cristão — Por favor, senhor: qual o seu nome?

Interesse Próprio — Sou um estranho para vocês, e vocês para mim, mas, se vocês estão seguindo por este caminho, gostaria de tê-los como companhia; caso contrário, só me resta conformar-me.

Cristão — Essa cidade das Boas Palavras, já ouvi falar dela, e, se bem me recordo, dizem que é um lugar rico.

Interesse Próprio — Posso assegurar-lhe que sim, tenho lá muitos parentes ricos.

Cristão — Não se ofenderia se eu perguntasse quem são os seus parentes?

Interesse Próprio — Praticamente a cidade inteira; e em especial, meu senhor Vira-Casaca, meu senhor Transigente e meu senhor Boas Palavras (de cujos antepassados a cidade herdou o nome). Também o sr. Capacho, o sr. Duas-Caras e o sr. Qualquer Coisa. O vigário da nossa paróquia, o sr. Duas Línguas, era meio-irmão de minha mãe, por parte de pai. E, para lhe dizer a verdade, tornei-me cavalheiro de certa dignidade. Meu avô, no entanto, não passava de um barqueiro que, olhando para um lado, remava para o outro. Eu mesmo conquistei a maior parte de meus bens com essa ocupação.

Cristão — É casado?

Interesse Próprio — Sou, e minha esposa é mulher muito virtuosa, filha também de mulher virtuosa. É filha da sra. Dissimulada. Procede, portanto, de família muito honrada, e alcançou tal nível de educação que sabe portar-se em todas as situações, diante de um príncipe como de um camponês. É verdade que no campo da religião divergimos um pouco dos mais rígidos, mas apenas em dois pontos menores. Primeiro, jamais remamos contra o vento e a maré. Segundo, somos sempre muito zelosos quando a religião calça suas sandálias de prata. Adoramos acompanhá-la pelas ruas, em dia de sol, para ouvir os aplausos do povo.

Cristão, afastando-se um pouco dele, foi falar com Esperançoso, dizendo:

— Parece-me que este homem é Interesse Próprio, de Boas Palavras, e, se for mesmo ele, temos como companhia um velhaco sem rival em todas estas terras.

— Pergunte-lhe. Acho que ele não deve ter vergonha do próprio nome.

Assim Cristão foi ter novamente com ele e disse:

— Amigo, você fala como se soubesse algo mais do que todo o mundo, e se não muito me engano, desconfio que sei quem é você. Seu nome não é Interesse Próprio, de Boas Palavras?

Interesse Próprio — Esse não é o meu nome, mas de fato um apelido que me deram alguns que não me toleram. Só me resta conformar-me em tê-lo como censura, como também outros bons homens já suportaram nomes igualmente constrangedores.

Cristão — Mas então você nunca deu motivo para que os homens o chamassem assim?

Interesse Próprio — Nunca, jamais! O pior que já fiz, que talvez lhes tenha dado motivo para me impingir esse nome, é que sempre tenho a sorte de poder me ajustar aos costumes correntes, sejam quais forem, e a minha ventura é fazê-lo com perfeição. Se, porém, as coisas assim se lançam sobre mim, que isso eu tenha como bênção, mas que não me sobrecarreguem de censuras os maliciosos.

Cristão — Julguei de fato que você era o homem de quem já ouvira falar e, para lhe dizer o que penso, temo que o seu nome se lhe ajuste mais perfeitamente do que você está disposto a admitir.

Interesse Próprio — Bem, se é assim que você pensa, não posso impedi-lo. Asseguro-lhe que você me achará um ótimo companheiro de viagem, se me aceitar como tal.

Cristão — Se quer ir mesmo conosco, precisa seguir contra o vento e a maré, o que, percebo, vai contra as suas convicções. Precisará também aceitar a religião vestida de trapos, não só em suas sandálias de prata, e ainda ficar ao lado dela quando estiver agrilhoada, não só quando andar pelas ruas sob aplausos.

Interesse Próprio — Você não pode me impor isso, nem dominar a minha fé. Não me negue a minha liberdade, mas permita-me acompanhá-los.

Cristão — Nem sequer um passo a mais, a menos que você aceite agir como proponho, como nós agimos.

Interesse Próprio — Jamais abandonarei os meus antigos princípios, pois são inofensivos e proveitosos. Se não puder acompanhá-los, devo continuar como antes de vocês me alcançarem, mesmo só, até que afinal alguém se agrade da minha companhia.

Ora, vi em meu sonho que Cristão e Esperançoso dele se afastaram, mantendo certa distância à frente. Um dos dois, porém, olhando para trás, viu três homens seguindo o sr. Interesse Próprio, e eis que, quando o alcançaram, fez ele diante dos homens respeitosa reverência. Os três também o cumprimentaram. Chamavam-se sr. Apego-ao-mundo, sr. Amor-ao-dinheiro e sr. Avareza, homens que Interesse Próprio já conhecia, pois na meninice foram colegas de escola e tiveram como professor certo sr. Apego, da cidade de Amor-ao-lucro, centro comercial do país da Cobiça, ao norte.

Tal professor ensinou-lhes a arte de conquistar por violência, fraude, bajulação, mentira ou falsa religião, e esses quatro senhores muito aprenderam dessa arte com o seu mestre, tanto que cada um deles poderia sozinho abrir uma escola.

Bem, depois de se cumprimentarem desse modo, disse o sr. Amor-ao-dinheiro ao sr. Interesse Próprio:

— Quem são aqueles ali adiante? — pois Cristão e Esperançoso ainda eram visíveis a distância.

Interesse Próprio — São dois homens de uma terra distante, que a seu modo seguem em peregrinação.

Amor-ao-dinheiro — Ora, por que não nos esperaram para que pudéssemos desfrutar de sua companhia? Pois eles, como nós, e também como o senhor, presumo, somos todos peregrinos.

Interesse Próprio — Nós, de fato, o somos, mas os homens que seguem lá adiante são tão rígidos, amam tanto suas convicções e têm tão pouca consideração pelas opiniões dos outros que nenhum homem é piedoso o bastante, se não pensar como eles. A não ser que os acompanhe em todas as coisas, eles logo se afastam.

Sr. Avareza — Isso é ruim. Mas já lemos sobre alguns que são tão exageradamente justos que a sua rigidez os faz julgar e condenar a todos, menos a si mesmos. Mas sobre o que vocês divergiram?

Interesse Próprio — Ora, eles, por conta de sua teimosia, concluíram que é dever de todos avançar sob qualquer intempérie, mas eu sou de opinião que o melhor é aguardar o vento e a maré certa. Eles não hesitam em arriscar em um instante tudo por Deus, mas eu prefiro tirar vantagem de tudo, a fim de garantir a minha vida e os meus bens. Eles defendem suas ideias, mesmo que todos os outros homens lhes sejam contrários, mas eu defendo uma religião conforme os interesses dos tempos e da minha própria segurança. Eles são pela religião, mesmo quando esta se apresenta vestida de trapos e desprezada, mas eu a defendo quando ela ostenta suas sandálias de prata à luz do sol e sob aplausos.

Sr. Apego-ao-mundo — Ora, você faz muito bem, meu bom Interesse Próprio. De minha parte só posso considerar esse homem um tolo, pois, tendo a liberdade de conservar o que tem, é insensato a ponto de perdê-lo. Sejamos prudentes como as serpentes; é melhor aproveitar as oportunidades. Você sabe que a vespa repousa durante todo o inverno, e só se mexe quando pode trabalhar com prazer. Deus às vezes manda a chuva e às vezes o sol. Se eles são tolos a ponto de sair debaixo de chuva, vamos nós andando no bom tempo. De minha parte, gosto mais da religião que se abriga na segurança das boas bênçãos de Deus sobre nós, pois se ele nos agracia com as boas coisas desta vida, quem é que, julgando-se regido pela razão, conceberia que Deus não quer que as conservemos e guardemos? Abraão e Salomão enriqueceram na religião. E Jó diz que o bom homem há de acumular ouro como pó. Então o bom homem não será como aqueles senhores que seguem ali adiante, se são de fato como você os retratou.

Sr. Avareza — Penso que todos nós concordamos nessa questão, portanto não precisamos mais falar sobre isso.

Sr. Amor-ao-dinheiro — Não, decerto não é preciso falar mais sobre essa questão, pois quem não crê nem nas Sagradas Escrituras nem na razão (e vocês bem sabem que temos ambas ao nosso lado), tampouco conhece sua própria liberdade, nem busca sua própria segurança.

Interesse Próprio — Meus irmãos, como vocês podem ver, estamos todos em peregrinação, e, para que nos desviemos das coisas más, permitam-me que lhes proponha esta questão: imaginem que um homem, um ministro ou um comerciante etc., tenha diante de si a oportunidade de alcançar regalias nesta vida. Ele, porém, de modo algum pode tomá-las para si sem que, pelo menos na aparência, se faça extraordinariamente zeloso em alguns pontos da religião pelos quais antes sequer se interessava. Não poderá ele usar esse meio para alcançar o seu propósito, conservando-se ainda assim homem justo e honesto?

Sr. Amor-ao-dinheiro — Entendo o fundamento da sua pergunta e, se me permitirem, tentarei dar uma resposta. Primeiro, pretendo responder à pergunta em relação a um ministro. Imagine um ministro, homem digno, que possua uma renda bem pequena, mas que tenha em mente outra bem maior, mais gorda e farta. De repente, ele vê a oportunidade de consegui-la, mas para isso precisará ser mais esforçado, pregar com mais frequência e com mais zelo, e alterar alguns de seus princípios, conforme a índole do povo exigir. De minha parte, não vejo razão para que o homem não o faça (desde que tenha vocação); e não faça ainda muito mais, conservando-se assim mesmo homem honesto. Pois, primeiramente, é justo o seu desejo de uma renda maior (sem nenhuma contradição), já que tal desejo está diante dele pela providência. Sendo assim, ele pode muito bem alcançá-la sem absolutamente nenhuma dor na consciência.

— Em segundo lugar — continuou —, esse seu desejo de uma melhor renda o torna mais esforçado, um pregador mais zeloso etc., e, portanto, faz dele um homem melhor. Sim, faz com que ele aperfeiçoe seus talentos, o que está de acordo com a vontade de Deus. O terceiro ponto, que se refere ao fato de ele ceder à índole de seu rebanho, abandonando alguns de seus princípios para melhor servir seu povo, é preciso considerar que ele é homem de evidente desprendimento, de conduta aprazível e vencedora e, portanto, mais apto a exercer as funções do ministério. Com o quarto ponto, concluo que o ministro que troca uma renda pequena por outra maior não deve, por agir assim, ser tido como ambicioso; pelo contrário, como por conta disso acaba aperfeiçoando seus talentos e esforços, é melhor considerá-lo como alguém que segue a sua vocação, agarrando a oportunidade que se lhe apresenta de fazer o bem.

— E agora, quanto à segunda parte da resposta — disse ainda —, examinemos o comerciante. Suponha que tal homem não tenha senão um emprego de renda muito modesta. Tornando-se religioso, porém, ele pode melhorar os negócios, quem sabe arrumar uma esposa rica ou clientes mais numerosos e bem melhores. De minha parte, não vejo razão para que isso não se faça licitamente, pois tornar-se religioso é uma virtude, sejam quais forem os motivos que o impulsionem. Também não é ilícito arrumar uma mulher rica ou mais clientes para a sua loja. E, além disso, o homem que alcança essas coisas por tornar-se religioso alcança o que é bom a partir do que é bom, tornando-se ele mesmo bom. Portanto, tem-se uma boa esposa, bons clientes e um bom lucro, e tudo isso porque ele se tornou religioso, o que é bom. Visto assim, tornar-se religioso para alcançar todas essas coisas é um desejo bom e proveitoso.

Essa resposta do sr. Amor-ao-dinheiro à pergunta do sr. Interesse Próprio foi muito aplaudida por todos eles, levando-os a concluir que, no geral, tal atitude era muito sensata e vantajosa.

Estando Cristão e Esperançoso ainda à vista, e como os quatro homens pensavam que ninguém poderia contradizer aquela argumentação, eles, exultantes, tramaram propor tal questão aos dois homens assim que os alcançassem, já que ambos se opuseram ao sr. Interesse Próprio.

Começaram, pois, a chamar Cristão e Esperançoso, de modo que estes tiveram de parar e esperar pelos quatro homens. A caminho, porém, combinaram que o sr. Apego-ao-mundo é quem proporia a questão aos dois homens, e não o sr. Interesse Próprio, pois, segundo imaginavam, a resposta de Cristão e Esperançoso não seria tão acalorada como a que recebera recentemente o sr. Interesse Próprio.

Então os dois grupos se encontraram e, após breves cumprimentos, o sr. Apego-ao-mundo propôs a pergunta a Cristão e seu companheiro, convidando-os a responder, se pudessem.

Cristão — Mesmo uma criança no campo da religião pode responder a dez mil dessas perguntas. Se é ilícito seguir a Cristo por pedaços de pão (Jo 6.26), quanto mais abominável não será fazer de Cristo e da religião pretexto para abraçar e desfrutar o mundo. Somente pagãos, hipócritas, diabos e feiticeiros aceitam tal opinião. Refiro-me a pagãos pois, quando Hamor e Siquém cobiçaram as filhas e o gado de Jacó, e viram que não havia meio de obtê-los senão aceitando a circuncisão, disseram a seus companheiros: "Se todo homem dentre nós se deixar circuncidar, como também eles são circuncisos, não serão nossos seu gado e sua riqueza, além de todo animal que possuam?". Esses homens buscavam apenas as filhas e o gado de Jacó. A religião, portanto, foi o pretexto de que se utilizaram para alcançá-los (Gn 34.20-24).

— Os fariseus hipócritas — prosseguiu Cristão — também praticavam essa mesma religião. Seu pretexto eram as longas orações, mas sua meta era tomar as casas das viúvas, e por isso Deus dedicou-lhes maior condenação em seu juízo (Lc 20.46-47). Judas, o diabo, também era dessa religião. Ele era religioso só com vistas a possuir a bolsa e o que nela havia, mas se perdeu, foi renegado e tornou-se o próprio filho da perdição. Simão, o mago, também praticava essa religião. Ele pretendia possuir o Espírito Santo para com ele obter dinheiro. Certamente mereceu a sentença decretada por Pedro (At 8.19-22). Tampouco posso deixar de dizer que o homem que abraça a religião por causa do mundo dispensa a religião por causa do mundo, pois tão certo quanto Judas desejava o mundo ao tornar-se religioso, também pelo mesmo motivo vendeu a religião e seu próprio Mestre. Portanto, dar resposta afirmativa a essa pergunta, como percebo que vocês fizeram, e aceitá-la como autêntica, é agir como pagão, hipócrita e diabo, e a sua recompensa será conforme as suas obras.

Então eles ficaram ali se entreolhando, sem ter o que responder a Cristão. Esperançoso também aprovou a resposta sensata do amigo, e fez-se grande silêncio entre todos eles. O sr. Interesse Próprio e seus companheiros, atordoados, ficaram para trás, para que Cristão e Esperançoso avançassem sós. Então Cristão falou ao companheiro:

— Se esses homens não conseguem suportar a sentença dos homens, o que farão diante da sentença de Deus? E se eles se calam quando enfrentam vasos de barro, o que farão quando forem repreendidos pelas labaredas de um fogo devorador?

Cristão e Esperançoso se adiantaram bastante em relação aos quatro e, caminhando, chegaram a uma bela planície chamada Facilidade, por onde seguiram muito satisfeitos. Essa planície, no entanto, era curta, tanto que logo chegaram ao final dela.

Ora, do outro lado da planície, havia uma pequena colina chamada Lucro, e, nessa colina, uma mina de prata. Alguns dos que anteriormente passaram por esse caminho, em virtude da raridade da mina, acabaram se desviando para vê-la, mas aproximaram-se demais da beira do buraco e, sendo o solo ali traiçoeiro, o chão cedeu sob seus pés, soterrando-os para sempre. Alguns, entretanto, ficaram mutilados, e jamais puderam recuperar-se enquanto viveram.

Vi então em meu sonho que, à pequena distância do caminho, perto da mina de prata, achava-se Demas, que, de modo distinto, convidava os que por ali passavam a vê-la. Então disse ele a Cristão e seu companheiro:

— Ei, senhores, venham, por favor, até aqui, quero lhes mostrar algo.

Cristão — Que coisa é essa capaz de nos desviar do caminho?

Demas — Há aqui uma mina de prata, e alguns a escavam em busca de riquezas. Se vierem, com pouco esforço poderão juntar para vocês um belo tesouro.

Esperançoso — Vamos lá ver.

Cristão — Eu não. Já ouvi falar antes desse lugar, e que muitos ali pereceram. Além disso, essas riquezas são um laço para os que as buscam, pois por causa delas se retardam na peregrinação

Depois, dirigindo-se a Demas:

— O lugar não é perigoso? Não atrapalhou já muitos peregrinos no caminho?

Demas — Não é muito perigoso, exceto para os descuidados — mas corou ao dizer isso.

Disse então Cristão a Esperançoso:

— Não vamos perder tempo aqui. Continuemos no nosso caminho.

Esperançoso — Posso lhe garantir que, ao chegar Interesse Próprio, se ouvir o mesmo convite, certamente se desviará para ver.

Cristão — Sem dúvida, pois seus princípios o levam por esse caminho, e aposto cem contra um que ali ele perderá a vida.

Demas — Vocês não querem ver, então?

Cristão respondeu-lhe asperamente:

— Demas, você é inimigo da vida reta do Senhor deste caminho e já foi condenado por um dos juízes de sua Majestade quando se desviou (2Tm 4.10). Por que quer nos atrair para igual condenação? Além disso, se de fato nos desviarmos, nosso Senhor, o Rei, certamente ficará sabendo disso e nos envergonhará quando estivermos diante dele.

Demas bradou novamente que ele também fazia parte dessa fraternidade e que, se quisessem esperar um pouco, ele mesmo se poria a caminho com eles.

Cristão — Qual é o seu nome? Não é o mesmo pelo qual já o chamei?

Demas — Sim, meu nome é Demas. Sou filho de Abraão.

Cristão — Pois eu o conheço. Geazi foi seu bisavô e Judas, seu pai, e você seguiu as pegadas deles. Você está usando um estratagema diabólico. Seu pai foi enforcado como traidor, e você não merece recompensa melhor (2Rs 5.20-27; Mt 26.14-15; 27.1-6). Pode estar certo de que, ao encontrarmos o Rei, a ele relataremos esse seu comportamento.

E assim seguiram seu caminho.

A essa altura, Interesse Próprio e seus companheiros se aproximavam e, ao primeiro aceno, foram ter com Demas. Contudo, não sei ao certo se ao olhar da beirada lá para dentro acabaram caindo no buraco, ou se desceram para cavar, ou ainda se morreram sufocados lá no fundo pelos gases que comumente brotam da mina. Só reparei que jamais foram vistos novamente no caminho.

Assim, Cristão cantou:

> Demas e Interesse Próprio, cães da mesma laia;
> Um chama, outro corre e vai tal qual zagaia
> Na esperança de participar do mesmo ganho.
> E é assim que os dois se atolam nesse mundo tacanho.

Vi então que, atravessando toda a planície, os peregrinos chegaram a um lugar onde se erguia um antigo monumento, bem ao lado do caminho. Diante da visão, os dois se perturbaram, devido a sua estranha forma, pois lhes parecia uma mulher transformada em coluna. Ali ficaram, pasmos, admirando a estranha figura, sem saber o que fazer por algum tempo.

Esperançoso, então, avistou algo escrito no alto do monumento, escrita de caligrafia incomum, mas, não sendo ele erudito, chamou Cristão (pois este era culto) para ver se conseguia decifrar o significado. Cristão se aproximou e, após detido exame das letras, descobriu que ali estava escrito o seguinte: "Lembrem-se da mulher de Ló". Então leu a frase para o amigo, e ambos imediatamente concluíram que era a coluna de sal em que se transformara a mulher de Ló por ter olhado para trás com coração cobiçoso, enquanto fugia de Sodoma para salvar a vida. Diante dessa visão tão espantosa e repentina, puseram-se a conversar:

Cristão — Ah, meu irmão, aí está algo oportuno, pois veio em boa hora, depois do convite que Demas nos fez de subir para ver a Colina do Lucro. Se tivéssemos de fato subido até lá, como ele queria e como você estava inclinado a fazer, meu irmão, certamente seríamos agora espetáculo para os que vêm depois de nós.

Esperançoso — Sinto muito ter sido tão insensato. Isso me faz imaginar por que não estou agora como a mulher de Ló, pois qual a diferença entre o pecado dela e o meu? Ela apenas olhou para trás, e eu desejei ir lá ver. Ah, bendita graça! Que eu me envergonhe sempre de um dia tal ideia ter encontrado abrigo no meu coração.

Cristão — É bom que prestemos muita atenção ao que vemos aqui, pois nos será útil no futuro. Essa mulher escapou a uma condenação, pois não morreu na destruição de Sodoma, mas pereceu em outra. Como podemos ver, transformou-se em uma coluna de sal.

Esperançoso — É verdade. Que ela nos seja ao mesmo tempo alerta e exemplo: alerta para que evitemos seu pecado, ou um sinal de que o juízo destruirá os que não se deixarem deter por esse alerta. Assim também Coré, Data e Abirão, com os duzentos e cinquenta homens que pereceram por causa de seu pecado, tornaram-se sinal, ou exemplo, de alerta aos outros. Mas acima de tudo me espanta uma coisa: como Demas e seus companheiros podem se mostrar tão confiantes na busca daquele tesouro, quando essa mulher, só por olhar para trás (pois as Escrituras não dizem que ela deu sequer um passo para fora do caminho), se transformou em uma coluna de sal? Pois o juízo que a destruiu de fato fez dela um exemplo visível do lugar onde eles estão. Afinal, para que eles a vejam, basta erguer os olhos do chão.

Cristão — Eis aí uma coisa realmente intrigante, que sugere que o coração desses homens encontra-se em situação desesperadora. Não consigo imaginar melhor comparação para eles que os ladrões que roubam diante do juiz ou que arrancam bolsas debaixo do patíbulo. Diz-se dos homens de Sodoma que eram pecadores irrecuperáveis (Gn 13.13), pois pecavam perante o Senhor, ou seja, à vista dele, apesar da bondade que Deus lhes demonstrara, já que a terra de Sodoma era então como o jardim do Éden. Isso, então, incitou mais a ira divina e tornou o castigo de Sodoma tão ardente quanto o fogo do Senhor do céu pôde fazê-lo. Nada mais racional senão concluir que aqueles que, como estes, pecarem à vista de Deus, apesar de todos os exemplos dados continuamente para preveni-los, com certeza merecerão juízo dos mais severos.

Esperançoso — Sem dúvida nenhuma você disse a verdade. Mas grande é a misericórdia que nos cobre, porque nem você nem eu nos transformamos em exemplo disso, principalmente eu. Isso nos dá oportunidade de agradecer a Deus, de temê-lo e de jamais esquecer a mulher de Ló.

15

Cristão e Esperançoso são aprisionados pelo gigante Desespero

Vi então que seguiram seu caminho, alcançando um rio aprazível, que o rei Davi chamou de "riacho de Deus" (Sl 65.9), mas que João chamou de "rio da água da vida" (Ap 22.1). Agora o caminho corria justamente pela beira do rio.

Por ali, portanto, Cristão e seu companheiro caminhavam com grande prazer. Beberam também da água do rio, que era agradável e revigorante para seu espírito exausto. Além disso, nas duas margens desse rio havia árvores verdejantes que davam toda espécie de fruto, e cujas folhas tinham propriedades medicinais. Com o fruto os dois muito se deleitaram, e comiam as folhas para evitar náuseas e outras moléstias que acometem aqueles que aquecem o sangue pelas viagens.

Em cada margem do rio havia também um prado, curiosamente embelezado de lírios, que se mantinha verdejante o ano inteiro. Ali se deitaram e dormiram, pois nesse lugar podiam descansar em segurança. Ao despertar, colheram novamente os frutos das árvores e, outra vez, beberam da água do rio, deitando-se de novo para dormir. Assim fizeram durante vários dias e noites. Então, cantaram:

> Veja! Deslizam suaves as águas límpidas como cristal
> Que beiram o caminho até a Cidade Celestial;
> O prado viçoso, o doce aroma fragrante,
> Os regalos do fruto e da folha verdejante,
> Quem chega a prová-los logo venderá tudo
> Para ter para si esse campo, esse prado veludo.

Assim, quando se animaram a prosseguir (pois ainda não haviam chegado ao fim da jornada), comeram e beberam, retomando viagem.

Ora, reparei em meu sonho que logo adiante o rio e o caminho se separavam. O fato muito desgostou os peregrinos, que nem por isso se desviaram do caminho. Agora a trilha, longe do rio, era acidentada, e seus pés se achavam doloridos em razão de tanta viagem, motivo por que a alma dos peregrinos se abateu bastante (Nm 21.4). No íntimo, desejavam vereda melhor.

Um pouco adiante, havia do lado esquerdo da estrada um prado e uma escada que, passando por sobre o muro, conduzia até lá. O prado se chamava Atalho. Cristão disse ao companheiro:

— Já que esse prado fica rente ao nosso caminho, vamos passar para lá.

Foi até a escada para olhar, e eis que havia uma trilha do outro lado do muro.

— É isso o que eu queria. Eis aqui um caminho mais fácil. Vamos, meu bom amigo, passemos para o outro lado.

Esperançoso — Mas como, se essa trilha nos desviará do caminho?

Cristão — Nada disso. Veja só: não acompanha exatamente o traçado do caminho?

Assim, Esperançoso, convencido pelo colega, atravessou com ele o muro pela escada. Já do outro lado, na nova trilha, viram que seus pés se aliviavam; logo depois, olhando para a frente, avistaram um homem caminhando como eles (e seu nome era Vã Confiança). Então o chamaram e lhe perguntaram para onde conduzia a trilha.

— Para o Portão Celestial.

— Viu? Não lhe disse? — falou Cristão. — Com isso você vê que estamos certos.

Seguiram então, e Vã Confiança foi à frente. Mas eis que veio a noite, e noite de trevas tão espessas que os que seguiam atrás perderem de vista aquele que caminhava à frente. Este, por não enxergar o caminho, acabou caindo em um poço profundo, que de propósito fora aberto ali pelo príncipe daquelas terras para apanhar os tolos presunçosos. Na queda, o homem se espatifou no fundo.

Ora, Cristão e seu companheiro ouviram o rumor da queda e, então, chamaram-no para ver o que havia acontecido. A única resposta que ouviram foi um gemido. Disse então Esperançoso:

— Onde estamos agora?

Seu companheiro se mantinha calado, suspeitando que se havia desviado do caminho. Começava também a chover. Logo trovões e relâmpagos sucediam-se. Tudo muito assustador. E a água subia rapidamente.

Esperançoso então se lamentou, dizendo:

— Ah! Como pude me desviar do meu caminho!

Cristão — Quem poderia imaginar que essa trilha nos desviaria do caminho?

Esperançoso — Eu temia isso desde o começo, por isso alertei-o brandamente. Eu deveria ter falado com mais franqueza, mas você é mais velho do que eu.

Cristão — Meu bom irmão, não se ofenda, por favor. Sinto muito por tê-lo trazido para longe do caminho e colocado em perigo tão grande. Peço que me perdoe, amigo. Não o fiz movido por más intenções.

Esperançoso — Fique tranquilo, meu irmão, pois eu o perdoo. Creia-me: isso acabará redundando em nosso bem.

Cristão — Fico feliz por ter comigo um amigo misericordioso. Mas não podemos ficar aqui parados. Vamos tentar voltar.

Esperançoso — Sim, mas permita-me ir à frente, por favor.

Cristão — Não, peço que você me deixe ir à frente, pois, se houver algum perigo, quero ser o primeiro a cair, afinal foi por minha causa que nós dois nos desviamos do caminho.

Esperançoso — Não. Você não pode ir à frente, pois como está com a mente perturbada, pode acabar saindo novamente do caminho.

Então ouviram uma voz animadora que dizia: "Que seu coração se volte à estrada, ao caminho que você trilhou: volte" (Jr 31.21).

Mas a essa altura as águas já iam bem altas, e por esse motivo o caminho de volta se tornava bastante perigoso. (Então ponderei que é mais fácil sair do caminho quando se está nele do que nele entrar quando se está fora.) Ainda assim, arriscaram-se a voltar. No entanto, estava tão escuro, e as águas tão altas, que no percurso quase se afogaram umas nove ou dez vezes.

Apesar de todo o seu esforço, não puderam alcançar novamente a escada na mesma noite. Por isso, parando debaixo de um modesto abrigo, ali se sentaram para aguardar o raiar do dia; mas, exaustos, adormeceram.

Não estavam longe do local onde se erguia um castelo, chamado Castelo da Dúvida, cujo dono era o gigante Desespero. E era em terras dele que os peregrinos dormiam. Ora, o gigante, levantando de manhã bem cedo, foi caminhar pelos campos e encontrou Cristão e Esperançoso adormecidos. Com voz severa e mal-humorada, acordou-os, perguntando-lhes de onde vinham e o que faziam em suas terras. Eles responderam que eram peregrinos e que haviam perdido o caminho. Disse então o gigante:

— Essa noite vocês invadiram a minha propriedade, vagando pelas minhas terras e deitando-se em solo meu. Agora vocês vêm comigo.

Foram forçados a acompanhá-lo, pois o gigante era mais forte que os dois. Também pouco tinham a dizer, pois sabiam que haviam errado. O gigante, assim, os fez caminhar à frente, levando-os até o castelo. Lá os trancafiou em um calabouço muito sombrio, sórdido e malcheiroso ao espírito dos dois homens.

Ali, então, ficaram da manhã de quarta-feira até a noite de sábado, sem nem sequer migalha de pão ou gota de água, nem luz alguma ou alguém que lhes perguntasse como passavam. Estavam em maus lençóis, longe de amigos e conhecidos.

Nesse lugar, Cristão sentia redobrado pesar, pois fora graças a seu precipitado afã que eles acabaram nessa situação aflitiva.

Ora, o gigante Desespero tinha uma mulher, de nome Coação. Assim, ao ir deitar-se, contou à mulher o que fizera: que havia trazido dois prisioneiros, lançando-os no calabouço, pois haviam invadido sua propriedade. Perguntou-lhe também o que deveria fazer com eles. Ela quis saber quem eram os homens, de onde vinham e para onde iam. E ele lhe disse. Então a mulher o aconselhou a, na manhã seguinte, espancá-los sem um pingo de misericórdia.

Assim, quando se levantou pela manhã, o gigante pegou uma terrível clava de macieira silvestre e desceu ao calabouço. Ali, primeiro os repreendeu colericamente, como se fossem cães, embora os dois jamais lhe houvessem dito uma única palavra agressiva. Depois caiu sobre eles, espancando-os com violência, de modo tal que não puderam se ajudar, nem se erguer do chão.

Feito isso, o gigante saiu e os deixou condoendo-se de sua miséria e lamentando sua aflição. Assim passaram todo o dia, entre suspiros e amargos lamentos. Na noite seguinte, a mulher voltou a falar dos prisioneiros com seu marido e, ao saber que ainda estavam vivos, aconselhou-o a sugerir aos dois que se matassem.

O gigante, então, de manhã bem cedo, mal-humorado como antes, desceu até o calabouço e, percebendo que os homens estavam muito machucados com a sova que lhes aplicara no dia anterior, disse-lhes que, como era improvável que jamais escapassem daquele lugar, a única saída para eles era dar cabo da própria vida, fosse com faca, corda ou veneno.

— Pois — disse o gigante — por que vocês escolheriam a vida, vendo que ela é tão cheia de amargura?

Os homens, porém, pediram-lhe que os deixasse ir. Lançando-lhes um olhar terrível, o gigante partiu para cima dos prisioneiros, e certamente teria acabado com a vida dos dois, não tivera ele, naquele exato momento, um de seus ataques (pois às vezes, quando brilhava o sol, ele sofria esses ataques), perdendo temporariamente o controle das mãos. Assim, recuou e permitiu (como antes) que eles ponderassem o que fazer. Então os dois passaram a debater entre si se era melhor aceitar ou não o conselho do gigante:

Cristão — Irmão, que faremos? A vida que agora vivemos é miserável. Confesso que não sei se é melhor viver assim ou morrer imediatamente. A minha alma prefere o estrangulamento à vida (Jó 7.15), e a sepultura é para mim mais fácil de suportar do que este calabouço. Aceitamos o conselho do gigante?

Esperançoso — De fato nossa situação é terrível, e a morte me seria muito mais bem-vinda do que viver assim para sempre. No entanto, devemos pensar que o Senhor do país para onde vamos nos disse: não tirarás, jamais, a vida de outra pessoa. Imagine, então, aceitar o conselho de tirar a nossa própria vida! Também, aquele que mata outro homem pode, no máximo, assassinar o corpo do outro, mas matar a si mesmo é matar corpo e alma de uma só vez. Além do mais, meu irmão, você mencionou alívio na sepultura, mas por acaso se esqueceu do inferno para onde, com certeza, vão os assassinos? Assassino nenhum terá vida eterna. Não devemos nos esquecer de que a lei toda não se acha nas mãos do gigante Desespero. Outros, pelo que posso deduzir, já foram pegos por ele também, assim como nós, mas conseguiram escapar de suas garras. Quem sabe o Deus que criou o mundo não fará morrer o gigante Desespero, ou, uma hora ou outra, este talvez se esqueça de trancar a porta. Quem sabe, ainda, daqui a pouco ele possa ter outro desses ataques na nossa frente e perder o controle dos membros. Se algum dia isso vier a acontecer de novo, usarei de todos os meios possíveis para tentar, com todas as minhas forças, escapar das mãos dele. Que louco fui eu por já não ter tentado isso antes! Mas, seja como for, meu irmão, tenhamos paciência, e suportemos por enquanto. O tempo pode nos presentear com uma feliz libertação, portanto não sejamos nunca nossos próprios assassinos.

Com essas palavras, Esperançoso de fato conseguiu aliviar a angústia de seu irmão, e assim continuaram juntos (no escuro) durante todo o dia, em sua condição triste e lastimável.

Ora, à tarde, o gigante voltou ao calabouço para ver se os prisioneiros haviam aceitado seu conselho. Chegando lá, porém, encontrou-os vivos. De fato, só um fio de vida lhes restava, pois agora, em razão da falta de pão e de água, e dos ferimentos recebidos com o espancamento, mal conseguiam respirar. Contudo, ao encontrá-los vivos, o gigante explodiu em terrível furor e disse-lhes que, por terem desobedecido ao seu conselho, melhor teria sido para eles jamais haver nascido.

Diante disso os dois muito tremeram, e acho que Cristão até chegou a desmaiar. Voltando a si, porém, os dois homens retomaram a conversa sobre o conselho do gigante, se seria ou não melhor aceitá-lo. Novamente Cristão parecia disposto a aceitá-lo, mas Esperançoso deu uma segunda resposta, dizendo:

— Meu irmão — disse ele — você agora não se lembra do quanto foi corajoso até aqui? Apoliom não conseguiu esmagá-lo, nem tampouco tudo o que você ouviu, viu ou sentiu no Vale da Sombra da Morte. Quanta dificuldade, terror e assombro você já não passou, para agora demonstrar somente medo? Não vê que eu, que sou muito mais fraco, também estou neste calabouço com você? Esse gigante me feriu tanto quanto a você, e também me negou pão e água, e como você eu lamento estar aqui na escuridão, mas tenhamos um pouco mais de paciência. Você não se lembra da coragem que demonstrou na Feira das Vaidades, não temendo nem grilhões, nem a cela, nem mesmo a morte sangrenta? Portanto, agora suportemos (pelo menos para evitar a vergonha que não convém a um cristão) com paciência, o melhor que pudermos.

Ora, vindo a noite novamente, e estando o gigante e sua mulher na cama, quis saber ela dos prisioneiros, se haviam aceitado ou não seu conselho. Mas ele disse:

— São velhacos obstinados. Preferem suportar todo o sofrimento ao suicídio.

— Leve-os amanhã ao pátio do castelo e mostre-lhes os ossos e crânios daqueles que você já matou — retrucou a mulher —, e convença-os de que, antes do fim da semana, você os esmagará do mesmo modo que aos seus companheiros.

Quando rompeu a manhã, o gigante foi ter com eles novamente, levando-os até o pátio do castelo. Ali, mostrou-lhes o que sua mulher lhe aconselhara.

— Estes — disse ele — foram, um dia, peregrinos que, como vocês, também invadiram os meus domínios. Quando achei que era hora, eu os despedacei. O mesmo farei com vocês dentro de dez dias. Agora podem voltar para a cela.

E assim os levou, aos tabefes, de volta ao calabouço. Durante todo o dia de sábado, lá ficaram eles entregues às suas lamentações, como antes. Descendo a noite, e estando a sra. Coação e seu marido, o gigante, já na cama, voltaram eles a falar sobre os prisioneiros. Desespero se admirava que nem com pancadas nem com conselhos conseguia dar cabo deles. Respondeu-lhe a mulher:

— Temo que eles vivam na esperança de que alguém virá libertá-los, ou que tenham consigo alguma chave falsa com que pretendem fugir.

— Se você acha que isso é possível, querida — disse o gigante —, amanhã de manhã vou revistá-los.

No entanto, por volta da meia-noite de sábado, eles começaram a orar, e continuaram em oração até quase o raiar do dia. Pouco antes do romper da aurora, o bom Cristão, meio espantado até, rompeu num palavrório entusiasmado:

— Como sou idiota! — disse ele. — Ficar aqui neste calabouço malcheiroso, podendo muito bem andar com liberdade! Trago no peito uma chave, chamada Promessa, que (estou convencido) abrirá qualquer fechadura do Castelo da Dúvida.

— Que boa notícia, meu irmão! — exclamou Esperançoso. — Pois então tire essa chave do peito e experimente.

Foi o que Cristão fez: pegou-a e, com ela, tentou abrir a porta do calabouço. O ferrolho cedeu assim que ele virou a chave, e a porta se abriu facilmente. Saindo, os dois foram até a porta externa que levava ao pátio do castelo e, com a chave, abriram-na. Chegaram, então, à porta de ferro. O ferrolho estava completamente enferrujado, mas a chave abriu-o também.

Empurraram então o portão para fugir rapidamente, mas, ao abrir, tanto rangeram as dobradiças que o gigante Desespero acordou. Levantando-se às pressas para alcançar seus prisioneiros, sentiu falharem seus membros e não pôde sair no encalço deles, pois o acometia novo ataque.

Os dois homens, correndo, alcançaram novamente a estrada do Rei, e ali se sentiram em segurança, pois já estavam fora da jurisdição do gigante.

Depois de passar de volta pela escada, puseram-se a imaginar o que deveriam fazer a fim de impedir que outros peregrinos caíssem nas mãos do gigante Desespero. Assim, concordaram em erigir ali uma coluna, gravando no alto o seguinte: "Esta escada leva ao Castelo da Dúvida, guardado pelo gigante Desespero, que despreza o Rei da Cidade Celestial e busca destruir os santos peregrinos". Muitos que por ali passaram mais tarde leram o que estava escrito e escaparam do perigo. Feito isso, cantaram assim:

Do caminho nos desviamos e, no íntimo,
A dor de pisar solo proibido sentimos.
Os que vêm depois tenham cuidado,
Não façam como nós, estouvados,
E, como invasores, não caiam prisioneiros
Do Castelo da Dúvida, do gigante Desespero.

16

Os peregrinos chegam às Montanhas Aprazíveis

Seguiram então seu caminho e, chegando às Montanhas Aprazíveis, terras pertencentes ao Senhor do morro de que já falamos lá atrás, subiram até elas para ver os jardins e os pomares, os vinhedos e as fontes de água pura, onde também beberam e se banharam, comendo livremente do fruto das vinhas.

No cume dessas montanhas, pastores apascentavam seus rebanhos, bem ao lado da estrada. Os peregrinos, portanto, foram ter com eles e, apoiados em seus cajados (algo comum aos peregrinos exaustos, quando param para conversar com alguém pelo caminho), perguntaram:

— De quem são estas Montanhas Aprazíveis e as ovelhas que pastam por aqui?

Pastor — Estas montanhas são a Terra de Emanuel, e podem ser vistas da Cidade Celestial. As ovelhas também pertencem a ele, que por elas deu a própria vida.

Cristão — É este o caminho para a Cidade Celestial?

Pastor — Vocês estão no caminho certo.

Cristão — Quanto ainda falta para chegar lá?

Pastor — Muito em se tratando de qualquer pessoa, mas muito pouco para os que de fato chegarão.

Cristão — O caminho é seguro ou perigoso?

Pastor — Seguro para aqueles aos quais deve ser seguro, "mas os rebeldes nele tropeçam" (Os 14.9).

Cristão — Acaso há neste lugar algum alívio para peregrinos exaustos e abatidos?

Pastor — O Senhor destas montanhas nos deu uma incumbência: "Não se esqueçam da hospitalidade" (Hb 13.2). Portanto, tudo o que há de bom neste lugar é para vocês.

Vi também em meu sonho que, percebendo serem os dois peregrinos, os pastores propuseram-lhes algumas questões (que os dois, como em outros lugares, responderam): de onde vinham, como haviam entrado no caminho e como conseguiram perseverar até ali, pois poucos dos que começavam conseguiam alcançar aquelas montanhas. Mas, ao ouvir as respostas, os pastores, muito maravilhados, olharam os dois com muito carinho e disseram:

— Sejam bem-vindos às Montanhas Aprazíveis.

Os pastores, cujos nomes eram Conhecimento, Experiência, Atento e Sincero, tomaram os dois peregrinos pelas mãos e os levaram até suas tendas, partilhando com eles aquilo que tinham disponível. Depois, ainda disseram:

— Gostaríamos que vocês ficassem aqui por algum tempo, para nos conhecermos mais e também para que vocês se consolem com as boas coisas destas Montanhas Aprazíveis.

Os dois concordaram e disseram que gostariam muito de ficar. Em seguida, foram dormir, pois já era bastante tarde.

Vi então em meu sonho que, de manhã, os pastores chamaram Cristão e Esperançoso para caminhar com eles pelas montanhas. Assim, os dois peregrinos acompanharam os pastores e passearam um pouco, admirando paisagens agradáveis por todos os lados. Então os pastores comentaram entre si:

— Será que devemos mostrar algumas maravilhas a esses peregrinos?

Decidindo fazê-lo, primeiro os levaram até o cume de uma colina, chamada Erro, que era bastante íngreme no lado oposto. Lá em cima, pediram que os dois olhassem para o precipício. Olhando, Cristão e Esperançoso viram lá embaixo vários homens despedaçados pela queda que sofreram lá do cume.

— O que significa isto? — questionou Cristão.

— Não ouviram falar daqueles que foram levados ao erro por dar ouvidos a Himeneu e Fileto com respeito à fé na ressurreição do corpo (2Tm 2.17-18)? — perguntaram os pastores.

— Já — responderam os peregrinos.

— Pois aqueles que vocês veem despedaçados lá no fundo do precipício são eles. Até hoje permanecem insepultos (como vocês podem ver), como exemplo para os outros, para que tomem cuidado ao subir demais, ou ao aproximar-se demais da beirada deste precipício.

Vi então que os levaram até o pico de outra montanha, chamada Cautela. Ali, pediram-lhes que olhassem ao longe. Contemplando, julgaram avistar vários homens perambulando entre os túmulos que havia ali. Perceberam que os homens eram cegos, pois às vezes tropeçavam nas sepulturas, sem jamais conseguir se afastar delas.

— O que significa isto? — intrigou-se Cristão.

— Não viram um pouco abaixo destas montanhas uma escada que conduz até um prado, à esquerda do caminho? — perguntaram-lhe os pastores.

— Vimos sim — disseram os dois.

— Dessa escada parte uma trilha que leva diretamente até o Castelo da Dúvida, guardado pelo gigante Desespero. Esses homens — disseram, apontando os que perambulavam por entre os túmulos — eram também peregrinos como vocês, até chegarem àquela escada. Por ser o caminho reto acidentado naquele trecho, preferiram desviar-se e entrar no prado, e ali foram pegos pelo gigante Desespero e atirados no Castelo da Dúvida. Depois de permanecer certo tempo no calabouço, foram afinal cegados e levados até aqueles túmulos, onde até hoje perambulam perdidos. Isso para que se cumprisse o ditado do sábio: "Quem se afasta do caminho da sensatez repousará na companhia dos mortos" (Pv 21.16).

Então Cristão e Esperançoso se entreolharam, os olhos marejados, mas nada disseram aos pastores.

Vi também em meu sonho que os pastores os levaram a outro lugar, em um vale, onde se via uma porta na encosta de um morro. Abriram a porta e pediram aos peregrinos que olhassem lá dentro. Olhando, viram que o interior era sombrio e fumarento. Pensaram ouvir lá de dentro também ruídos continuados, como o crepitar de labaredas e os gritos de homens atormentados, subindo-lhes às narinas um cheiro de enxofre.

— O que significa isto? — quis saber Cristão.

— Eis aí um atalho para o inferno —responderam os pastores —, caminho que tomam os hipócritas; gente que, como Esaú, vende o direito de primogenitura; gente que vende o próprio Mestre, como Judas; gente que blasfema o evangelho, como Alexandre; e gente que mente e dissimula, como Ananias e Safira, sua mulher.

— Vejo que esses tinham, todos eles, a aparência de peregrinos como nós, não? — perguntou Esperançoso aos pastores.

Pastores — Tinham e a mantiveram por longo tempo também.

Esperançoso — Até que ponto puderam seguir na peregrinação antes de se perder assim tão miseravelmente?

Pastores — Alguns foram além destas montanhas, outros nem chegaram até aqui.

Então disseram os peregrinos um ao outro:

— Convém pedir força àquele que é poderoso.

Pastores — Sim, e também é preciso usá-la quando a tiverem disponível.

A essa altura, os peregrinos manifestaram desejo de prosseguir, com o que concordaram os pastores. Juntos, caminharam até o final das montanhas. Então comentaram entre si os pastores:

— Mostremos daqui aos peregrinos os portões da Cidade Celestial. Vejamos se eles conseguem usar o nosso telescópio.

Os dois, agradecidos, aceitaram o convite. Então os levaram ao cume de uma alta colina, chamada Transparência, e lhes deram um telescópio. Tentaram usar o instrumento, mas a lembrança da última coisa que os pastores lhes mostraram fez tremer suas mãos.

Sem conseguir segurar com firmeza o telescópio, não obtiveram uma imagem nítida, mas mesmo assim vislumbraram algo semelhante a um portão, e entreviram também algo da glória do lugar. E assim preparavam-se já para partir, cantando:

Assim nos revelaram os pastores os segredos
Que os homens desconhecem em seu degredo.
Buscai os pastores, pois, se quereis ver um dia
Coisas profundas, coisas ocultas e arredias.

Porém, antes que partissem, um dos pastores lhes deu informações sobre o caminho. Outro os aconselhou a tomar cuidado com Adulador. O terceiro lhes recomendou que cuidassem de não dormir sobre o Solo Enfeitiçado. E o quarto lhes desejou boa sorte. Então, despertei do meu sonho.

17

Os peregrinos encontram-se com Adulador

Adormeci novamente e voltei a sonhar. Vi, então, os mesmos dois peregrinos descendo as montanhas, pelo caminho que levava à cidade. Ora, pouco além das montanhas, no vale à esquerda, ficava a Terra da Presunção.

Atravessando essa terra, via-se uma alameda sinuosa que cruzava o caminho dos peregrinos. Ali encontraram um moço muito vivo que vinha daquelas bandas; seu nome era Ignorância. Cristão perguntou-lhe de onde vinha e para onde seguia.

Ignorância — Senhor, nasci naquelas terras, um pouco à esquerda daqui. Sigo rumo à Cidade Celestial.

Cristão — Mas como pensa em superar as dificuldades que talvez encontre pelo caminho que leva ao portão?

Ignorância — Como todo o mundo faz.

Cristão — Mas o que você tem a mostrar diante do portão para que ele se abra a você?

Ignorância — Conheço a vontade do meu Senhor, e tenho vivido honradamente. Dou a cada homem o que lhe cabe; oro, jejuo, pago o dízimo e dou esmolas, e ainda deixei a minha terra por essa outra a qual me dirijo.

Cristão — Mas você não veio pela porta estreita, isto é, pelo começo do caminho. Você chegou aqui foi por esta alameda sinuosa, por isso, seja qual for a sua autoavaliação, quando chegar o dia do juízo, temo que venha a ser acusado de ladrão e salteador, não sendo jamais admitido na cidade.

Ignorância — Cavalheiros, vocês são totalmente estranhos para mim. Não os conheço. Contentem-se em seguir a religião da sua terra, que eu seguirei a religião da minha. Esperemos que tudo acabe bem. E quanto à porta de que você falou, todo mundo sabe que fica a grande distância da nossa terra. Não creio que homem nenhum destas bandas sequer conheça o caminho até lá. Na verdade, pouco importa que saibam ou não, pois temos, como vocês podem ver, uma bela e prazenteira alameda verdejante que desce da nossa terra até este caminho.

Vendo Cristão que o homem se considerava sábio, sussurrou a Esperançoso:

— Maior esperança há para o insensato do que para ele (Pv 26.12). Mesmo quando anda pelo caminho, o tolo age sem o mínimo bom senso e mostra a todos que não passa de tolo (Ec 10.3). Que fazemos então? Conversamos mais com ele ou partimos agora mesmo, deixando que pondere o que já ouviu até aqui, procurando-o de novo mais tarde para ver se pouco a pouco podemos lhe fazer algum bem?

Esperançoso, então, refletiu:

> Que medite o que ouviu algum tempo
> E não recuse o bom conselho, atento,
> Para que assim não ignore afinal
> A meta mais plena e essencial.
> Diz Deus que quem não tem juízo,
> Para este nunca haverá paraíso.

Depois, acrescentou:

— Não creio que seja bom dizer-lhe tudo de uma só vez. Vamos deixá-lo para trás, por enquanto, e conversaremos com ele mais tarde, segundo o que for capaz de absorver.

Então os dois retomaram a marcha, e Ignorância os seguia mais atrás. Quando estavam já a boa distância do moço, entraram por uma alameda bem sombria, onde encontraram um homem que fora atado por sete demônios, com sete cordas resistentes. Os demônios o arrastavam para a porta que os peregrinos viram na encosta do morro. Ora, o bom Cristão se pôs a tremer, e também Esperançoso, seu companheiro.

Estando, porém, os demônios a arrastar o homem, Cristão quis observá-lo para ver se o conhecia, pois pensou que talvez fosse certo Desviado, que morava na cidade da Apostasia. No entanto, não pôde ver seu rosto com clareza, porque o homem mantinha a cabeça baixa, como ladrão pego em flagrante. Mas, passando por ele, Esperançoso virou-se e enxergou nas costas do homem um cartaz com a inscrição: "Professor libertino e apóstata condenável". Então disse Cristão ao amigo:

— Agora me lembro de algo que me disseram a respeito de certo fato ocorrido a um bom homem destas bandas. Chamava-se Pequena Fé, mas era homem bom e morava no vilarejo da Sinceridade. Foi este o fato: à entrada desse atalho há uma vereda que vem da Porta Larga, denominada Vereda dos Mortos por causa dos assassinatos comumente perpetrados ali. Ao sair Pequena Fé em peregrinação, como nós agora o fazemos, calhou de ele recostar-se ali para dormir. Ora, três irmãos (bandidos muito fortes e cujos nomes eram Covardia, Descrença e Culpa) vinham da Porta Larga por aquela vereda. Assim que viram Pequena Fé, foram correndo até onde ele estava. O bom homem acabava de despertar do sono e se punha de pé para seguir caminho. Mas então o cercaram e, com ameaças, o fizeram parar. Pequena Fé ficou lívido como cera, sem forças para lutar ou fugir. Gritou então Covardia, um dos bandidos: "Dê-me a bolsa". Como Pequena Fé relutou em entregá-la (pois não queria perder o dinheiro), Descrença se aproximou dele e, metendo a mão no bolso do homem, arrancou-lhe uma bolsa cheia de prata. "Ladrões, ladrões", gritou Pequena Fé. Culpa, tomando o enorme porrete que tinha nas mãos, atingiu Pequena Fé na cabeça, deixando-o estirado no chão com o golpe. Ficou ali a sangrar, como moribundo, enquanto os bandidos permaneciam ao seu redor, mas quando estes perceberam que vinha alguém pela estrada, e temendo ser ele um certo Graça Abundante, morador da cidade de Boa Confiança, os três trataram de fugir, deixando o bom homem entregue à própria sorte. Ora, depois de algum tempo

Pequena Fé voltou a si e, pondo-se de pé, saiu cambaleando pelo caminho. E foi essa a história.

ESPERANÇOSO — Mas então tomaram dele tudo o que tinha?

CRISTÃO — Não. Ele conservou suas joias, pois os ladrões não conseguiram levá-las. Mas o bom homem ficou muito angustiado com a perda, já que os ladrões levaram a maior parte de seu dinheiro para as despesas comuns, restando-lhe apenas uma pequena soma, porém não o suficiente para sustentá-lo até o final da viagem. Sendo assim (se não estou mal informado), ele foi forçado a mendigar para comer (pois não podia vender as joias), mas mesmo mendigando e fazendo tudo o que podia, seguiu de estômago vazio durante a maior parte do restante da viagem.

ESPERANÇOSO — Não é incrível que não lhe tivessem roubado seu certificado, mediante o qual ele seria admitido no Portão Celestial?

CRISTÃO — É incrível, mas de fato não o levaram. Contudo, não foi por astúcia do homem que os três deixaram de fazê-lo, pois estando Pequena Fé apavorado diante da chegada dos bandidos não tinha forças nem capacidade para esconder nada. Portanto, foi mais pela piedosa providência do que por esforços dele que os ladrões perderam a oportunidade de tomar para si esse tesouro (1Tm 1.14).

ESPERANÇOSO — Mas para ele deve ter sido um consolo o fato de não lhe terem tomado essa preciosidade.

CRISTÃO — Talvez lhe servisse de grande consolo, se a tivesse usado como deveria, mas quem me contou a história disse que ele pouco usou esse tesouro durante o resto da viagem pelo medo que aquele assalto lhe incutiu. Pequena Fé chegou mesmo a esquecer desse certificado durante grande parte do resto da jornada. Além disso, sempre que se lembrava dele, encontrando consolo, novamente lhe assaltavam as lembranças da perda, e esses pensamentos engoliam tudo o mais.

ESPERANÇOSO — Pobre coitado! Isso certamente era uma grande angústia para ele.

Cristão — Angústia? Grande angústia na verdade! Mas também nós não sentiríamos o mesmo se tivéssemos a mesma sorte? Roubados e feridos, e em lugar tão esquisito? É de admirar que não tenha morrido de angústia, o coitado! Contaram-me que ele passou praticamente todo o resto da jornada entre lamentos aflitos e amargurados. Também contava a todos que o alcançavam, ou que ele encontrava pelo caminho, onde fora roubado e como, quem eram os ladrões e o que levaram, e que fora ferido quase mortalmente.

Esperançoso — É de admirar que suas necessidades não o tenham feito vender ou empenhar algumas de suas joias, para que assim tivesse com o que subsistir durante a viagem.

Cristão — Você fala como quem traz a casca sobre a cabeça até hoje. Pois em troca do que poderia empenhá-las, ou a quem as venderia? Naquela terra onde ele foi roubado suas joias nada valiam, nem queria ele alívio que pudesse advir disso. Além do mais, se lhe faltassem as joias diante do portão da Cidade Celestial, certamente (e isso sabia muito bem) perderia o direito a qualquer herança ali, e isso lhe seria pior do que o assalto e o aviltamento de dez mil ladrões.

Esperançoso — Por que você está tão azedo, meu irmão? Esaú vendeu o direito de primogenitura por uma panela de guisado, e esse direito era a sua maior joia (Gn 25.27-34). Mas, se ele o fez, por que Pequena Fé também não poderia fazê-lo?

Cristão — Esaú de fato vendeu o direito de primogenitura, como também muitos outros, e ao fazê-lo excluem-se da bênção maior, como o fez aquele infeliz. Mas é preciso fazer uma distinção entre Esaú e Pequena Fé, e também entre seus bens. O direito de primogenitura de Esaú era típico, mas não as joias de Pequena Fé. O estômago de Esaú era seu deus, mas esse não era o caso de Pequena Fé. Esaú entregava-se ao apetite da carne, mas não Pequena Fé. Além disso, Esaú nada conseguia enxergar além da satisfação de seus desejos. "Estou a ponto de morrer", disse ele; "de que me aproveitará o direito de primogenitura?" Quanto a Pequena Fé, porém, embora fosse a sua sina não ter senão fé pequena, essa mesma fé o livrava de tais extravagâncias, fazendo-o valorizar suas joias a ponto de não querer vendê-las, como fez Esaú com o direito de primogenitura. Não se lê em parte nenhuma que Esaú tivesse fé, nem mesmo pequena. Portanto, onde só a carne domina (como acontece no homem que não tem fé para resistir), não admira que ele venda o direito de primogenitura, a alma e tudo o mais, e isso para o próprio Diabo do inferno, pois esse tipo de homem é como a jumenta que não se pode dissuadir de seus desejos. Quando os pensamentos se concentram (Jr 2.24) nas paixões, ele as satisfaz, custe o que custar.

— Pequena Fé, porém — continuou Cristão —, era de outra índole. Seus pensamentos se concentravam nas coisas do alto; seu modo de vida dependia de coisas espirituais, divinas. Logo, com que propósito um homem de tal índole venderia suas joias (se houvesse alguém que as comprasse) para encher a cabeça de coisas vãs? Daria o homem um centavo para encher o estômago de feno? Ou será possível convencer a rola a viver de carniça, como o corvo? Os infiéis, por paixões carnais, podem penhorar, hipotecar ou vender sem pestanejar o que têm ou são, mas os que têm fé, fé salvífica, mesmo pouca, esses não o farão. Aqui, portanto, está o seu erro, meu irmão.

Esperançoso — E eu o admito. Porém, a sua severa reflexão quase me deixou irritado.

Cristão — Ora, nada fiz senão comparar você a um passarinho dos mais vivos, desses que correm para cá e para lá em trilhas virgens com a casca ainda grudada à cabeça. Deixe isso de lado e pense na questão em pauta, e tudo ficará bem entre mim e você.

Esperançoso — Mas, Cristão, acho que esses três homens não passam de uns covardes. Se não o fossem, você acredita que fugiriam, como o fizeram, ao perceber que vinha alguém pela estrada? Por que Pequena Fé não criou mais coragem? Ele poderia, acho eu, ter enfrentado os bandidos, cedendo quando já não houvesse remédio.

Cristão — Que eles eram covardes, muitos já disseram, mas poucos pensam assim na hora da provação. Quanto à coragem, isso Pequena Fé simplesmente não tinha. De fato, meu irmão, acho que se você estivesse naquela situação também não ofereceria muita resistência. Na verdade, se agora que eles estão longe de nós você demonstra esse ânimo, talvez eles o forçassem a repensar a sua posição, caso aparecessem na sua frente, como aconteceu àquele homem. Considere o seguinte: eles não passam de salteadores, que servem ao rei do abismo sem fundo. Se necessário, o próprio rei sai em defesa desses bandidos, e sua voz é como a de um leão rugidor (1Pe 5.8). Eu mesmo me vi em situação semelhante à de Pequena Fé, e foi horrível. Os três bandidos me cercaram e, quando tentei resistir como cristão, gritaram por seu senhor, que acudiu prontamente. Estive a ponto de, como diz o ditado, entregar a alma por um tostão, mas, graças a Deus, eu usava uma armadura reforçada. Sim, e mesmo protegido achei difícil portar-me como homem. Só quem já experimentou essa batalha é capaz de dizer o que nos acontece nesse combate. Ninguém mais.

Esperançoso — Bom, mas eles correram, veja você, só por supor que o tal Graça Abundante se aproximava.

Cristão — É verdade. Eles muitas vezes fogem, tanto eles quanto o seu senhor, diante do mero surgimento de Graça Abundante. E não é de admirar, pois este é o defensor do Rei. Mas eu acho que você verá alguma diferença entre Pequena Fé e o defensor do Rei. Nem todos os súditos do Rei são seus defensores e, quando postos à prova, não podem fazer proezas de guerra como ele. Será certo pensar que uma criancinha poderia vencer Golias como fez Davi? Ou que um pássaro tenha a mesma força de um boi? Alguns são fortes, outros fracos; alguns têm muita fé, outros têm pouca. Esse homem possuía pouca fé, e, portanto, sucumbiu.

Esperançoso — Quem dera Graça Abundante realmente tivesse aparecido ali para o bem deles.

Cristão — Se fosse ele, certamente não teria tido pouco trabalho. Pois devo lhe dizer que, mesmo sendo Graça Abundante exímio com as suas armas e sempre se saia bem quando se mantém no ataque, se eles conseguem superar-lhe as defesas, ainda que seja Covardia, Desconfiança ou o outro, a luta certamente se toma acirrada, e eles podem derrubá-lo. E quando um homem está no chão, que se pode fazer?

— Quem examinar de perto o rosto de Graça Abundante — disse Cristão — verá as cicatrizes e os cortes que claramente demonstram o que acabei de dizer. Ouvi falar, certa vez, que ele chegou a dizer (e isso quando em combate): "Perdemos a esperança da própria vida" (2Co 1.8). Como é que esses velhacos corpulentos e seus capangas fizeram Davi gemer, lamentar e clamar? Pois também Hemã e Ezequias, embora defensores em seu tempo, foram forçados a lutar desesperadamente quando atacados por esses homens, e no entanto, apesar de todos os seus esforços, foram derrotados por eles de forma implacável. Pedro estava decidido a fazer tudo o que pudesse, mas, embora alguns digam que ele é o príncipe dos apóstolos, os homens tanto o pressionaram que afinal o fizeram temer uma pobre moça (Mt 26.69-72; Lc 22.56-57).

— Além disso — continuou Cristão —, a eles basta chamar para contar com o socorro de seu rei. Ele jamais deixa de ouvir e, se em algum momento se veem em apuros, ele, sempre que possível, irá acudi-los. E dele se diz: "A espada que o atinge nada lhe faz, nem a lança nem a flecha nem o dardo. Ferro ele trata como palha,e bronze como madeira podre. As flechas não o afugentam, as pedras das fundas são como cisco para ele. O bastão lhe parece fiapo de palha; o brandir da grande lança o faz rir" (Jó 41.26-29). O que pode um homem fazer nessa situação? É verdade que, se um homem pudesse ter sempre à mão o cavalo de Jó, com destreza e coragem para cavalgá-lo, poderia fazer coisas notáveis. "É você que dá força ao cavalo ou veste o seu pescoço com sua crina tremulante? Você o faz saltar como gafanhoto, espalhando terror com o seu orgulhoso resfolegar? Ele escarva com fúria, mostra com prazer a sua força, e sai para enfrentar as armas. Ele ri do medo e nada teme; não recua diante da espada. A aljava balança ao seu lado, com a lança e o dardo flamejantes. Num furor frenético ele devora o chão; não consegue esperar pelo toque da trombeta. Ao ouvi-lo, ele relincha: 'Eia!' De longe sente cheiro de combate, o brado de comando e o grito de guerra" (Jó 39.19-25).

— Soldados como você e eu — disse Cristão — não devem jamais querer encontrar o inimigo, nem se vangloriar de como poderiam fazer melhor, quando ouviram falar de outros que foram derrotados. Não devemos nos deixar arrebatar pela ilusão de nossa própria virilidade, pois esses geralmente se saem pior quando postos à prova. Veja Pedro, que mencionei acima. Ele se ufanava, ah se não! Seus vãos pensamentos lhe fizeram dizer que seria o melhor, que com mais ardor defenderia seu Mestre, mais do que todos os homens. Mas quem mais do que ele foi oprimido e derrotado por esses vilões? Logo, quando ouvirmos falar desses roubos na estrada do Rei, duas coisas nos cabe fazer: primeiro, sair de armadura, sem esquecer o escudo, pois foi por falta disso que aquele que tão vigorosamente atacou o Leviatã não pôde subjugá-lo. Se não tivermos o escudo, ele jamais nos temerá. Portanto, disse-nos o perito: "Além disso, usem o escudo da fé, com o qual vocês poderão apagar todas as setas inflamadas do Maligno" (Ef 6.16). É bom também que peçamos proteção ao Rei, para que ele mesmo vá conosco. Por isso Davi exultou, mesmo estando no Vale da Sombra da Morte; e Moisés preferia morrer onde estava a dar sequer um passo a mais sem seu Deus. Ah, meu irmão, se ele se dignar seguir conosco, que necessidade haverá de temermos dez mil que se lancem contra nós? Mas sem ele, "os altivos auxiliadores sucumbem entre os mortos" (Sl 3.6; Jó 9.13; Is 10.4).

— Eu, de minha parte — disse ainda Cristão —, já estive antes na luta e, no entanto (por bondade daquele que é excelente), ainda estou vivo, como você pode ver. Porém, não posso me vangloriar da minha virilidade. Feliz serei se não voltar a enfrentar tais ataques, embora tema não estarmos alheios a todo perigo. Contudo, como o leão e o urso ainda não me devoraram, espero que Deus também nos liberte dos próximos filisteus incircuncisos.

Então Cristão cantou:

Roubado por ladrões, pobre Pequena Fé!
Mas aquele que crê e mais fé cultiva até,
Esse decerto terá vitória viril
E não só três vencerá, mas dez mil.

Assim lá iam eles, e Ignorância os seguia. Caminharam até enxergar uma bifurcação, e os dois caminhos lhes pareciam igualmente retos. Não sabiam, portanto, qual deles deveriam tomar. Por isso, ali pararam para refletir. E, enquanto ponderavam qual caminho tomar, eis que um homem de tez sombria, mas coberto de manto muito claro, aproximou-se deles e perguntou por que estavam ali parados. Responderam que seguiam para a Cidade Celestial, mas não sabiam qual dos caminhos tomar.

— Pois então sigam-me — disse o homem. — É para lá que também vou.

Assim, seguiram-no por uma trilha que os desviava do caminho. E pouco a pouco foram se afastando da cidade que tencionavam alcançar, tanto que logo rumavam para direção oposta. Mesmo assim, seguiam o desconhecido.

Sem que se dessem conta, o homem os fez cair em uma rede, na qual tanto se enredaram que já não sabiam o que fazer; e o sombrio desconhecido deixou que o manto branco lhe caísse das costas. Viram, então, onde estavam. E ali ficaram a lamentar-se por algum tempo, pois não tinham como livrar-se da malha.

Cristão — Agora me vejo em erro. Pois não nos aconselharam os pastores a ter cuidado com os aduladores? Hoje se cumpriu para nós o ditado do sábio: "Quem adula seu próximo está armando uma rede para os pés dele" (Pv 29.5).

Esperançoso — Também nos deram algumas orientações quanto ao caminho a seguir, para que o encontrássemos com mais segurança, mas também nos esquecemos de lê-las, e não nos afastamos das trilhas do destruidor. Nisso Davi foi mais sábio do que nós, pois disse: "Pela palavra dos teus lábios eu evitei os caminhos do violento" (Sl 17.4).

Assim, lamentavam-se emaranhados na rede. Por fim, viram um ser resplandecente aproximando-se deles, com um chicote de correia curta na mão. Chegando até onde estavam os dois, perguntou de onde vinham e o que faziam ali. Disseram-lhe que não passavam de pobres peregrinos e que seguiam para Sião, mas foram desviados do caminho por um sombrio desconhecido, vestido de branco, que os convidou a segui-los, afirmando que para lá também seguia. Disse então o estranho de chicote à mão:

— É um Adulador, um falso apóstolo que se transformou em anjo de luz.

Ele então rasgou a rede e os deixou sair. Mas disse:

— Sigam-me, para que eu os ponha de novo no caminho.

E os levou de volta à estrada da qual se haviam afastado para seguir o Adulador. Perguntou ainda:

— Onde passaram a noite?

— Com os pastores, nas Montanhas Aprazíveis.

Perguntou-lhes então se não haviam recebido dos pastores orientações sobre o caminho.

— Recebemos, sim.

— Mas quando estavam em dúvida não se deram o trabalho de ler essas orientações?

— Não.

— Por quê?

— Esquecemos.

— Mas os pastores não os aconselharam a tomar cuidado com o Adulador?

— Sim. Mas nem nos passou pela cabeça que esse homem de fala elegante fosse o tal.

Vi então em meu sonho que ele ordenou aos dois que se deitassem no chão. Deitados, castigou-os com força, para ensinar-lhes o bom caminho que deveriam trilhar. E, ainda a açoitá-los, disse:

— "Repreendo e disciplino aqueles que eu amo. Por isso, seja diligente e arrependa-se" (Ap 3.19).

Feito isso, ele lhes ordenou que retomassem o caminho e ficassem bem atentos às outras orientações dos pastores. Os dois lhe agradeceram toda a bondade e, leves, voltaram ao caminho, cantando:

> Vem, tu que andas pelo caminho, e observa,
> Vê o que ganha quem se une à caterva!
> Que se enreda em laço, se expõe ao relho,
> Assim que esquece o bom conselho.
> É fato que acabaram salvos, mas cuidado!
> Pois saíram, sim, com o lombo lanhado.

18

Os peregrinos encontram Ateu e passam pelo Solo Enfeitiçado

Ora, depois de algum tempo, viram alguém que, lá longe, vinha só e tranquilo pela estrada na direção dos dois. Disse Cristão ao companheiro:

— Lá vem um homem que caminha em direção oposta à de Sião. Decerto vem ter conosco.

Esperançoso — Estou vendo. Fiquemos atentos agora, pois talvez também ele se revele um adulador.

Veio o homem se aproximando, e afinal se encontraram os três. Chamava-se Ateu e perguntou-lhes para onde seguiam.

Cristão — Vamos para o monte Sião.

Ateu caiu em gostosa gargalhada.

Cristão — Por que todo esse riso?

Ateu — Rio por ver que são ignorantes, impondo-se a si mesmo jornada tão tediosa e, no entanto, provavelmente nada terão para compensar seus esforços senão a própria viagem.

Cristão — Por quê? Acha que não seremos recebidos?

Ateu — Recebidos? Esse lugar com que vocês sonham simplesmente não existe.

Cristão — Não neste mundo, mas sim no que há de vir.

Ateu — Quando eu estava ainda em minha terra natal, ouvi isso que vocês agora me dizem e, curioso, saí a procurar, mas já há vinte anos busco essa cidade, e mesmo em todo esse tempo não vi nem sinal dela.

Cristão — Também ouvimos e cremos que há de fato um lugar assim a encontrar.

Ateu — Ora, se eu não tivesse acreditado, certamente não teria deixado a minha terra para procurá-lo, mas, nada encontrando (e, se de fato existisse, eu certamente o encontraria, pois busquei bem mais do que vocês), volto pelo mesmo caminho. Buscarei agora ânimo nas coisas que um dia desprezei, trocando-as por esperanças, hoje sei, vãs.

— Será verdade o que diz este homem? — perguntou Cristão ao companheiro.

Esperançoso — Cuidado. Ele é um dos aduladores. Lembre-se do que já passamos por dar ouvidos a esse tipo de gente. Ora, então não existe nenhum monte Sião? Pois já não avistamos das Montanhas Aprazíveis o portão da cidade? E não devemos também andar na fé? Continuemos, para que o homem do chicote não nos açoite de novo. Você é quem deveria ter-me ensinado esta lição que lhe sussurro agora no ouvido: "Se você parar de ouvir a instrução, meu filho, irá afastar-se das palavras que dão conhecimento" (Pv 19.27). Ouça, meu irmão: não lhe dê ouvidos; creiamos, para a salvação da alma (Hb 10.39).

Cristão — Meu irmão, não lhe fiz essa pergunta porque duvidasse da verdade de nossa crença, mas para pô-lo à prova, e para arrancar de você o fruto da sinceridade do seu coração. Quanto a esse homem, sei que está cego pelo deus deste mundo. Prossigamos nós dois, sabendo que cremos na verdade, e que nenhuma mentira pode vir da verdade (lJo 2.21)

Esperançoso — Agora, sim, alegro-me na esperança da glória de Deus.

Afastaram-se então do homem, que, rindo deles, seguiu seu caminho.

Vi então em meu sonho que caminharam até alcançar certo país. O ar dessa terra deixava os forasteiros naturalmente sonolentos. Ali Esperançoso viu-se bastante entorpecido e pesado de sono.

Esperançoso — Sinto-me sonolento, tanto que mal consigo manter os olhos abertos. Vamos nos deitar e cochilar um pouco.

Cristão — De modo nenhum, pois temo que, dormindo, talvez jamais despertemos.

Esperançoso — Por que, irmão? O sono é agradável ao homem laborioso. Ficaremos revigorados depois de uma soneca.

Cristão — Não se lembra de que um dos pastores nos alertou sobre o Solo Enfeitiçado? Com isso ele quis dizer que não deveríamos dormir, portanto não nos entregaremos ao sono como os outros, mas sim vigiaremos e permaneceremos sóbrios (1Ts 5.6).

Esperançoso — Reconheço o meu erro. Se eu estivesse aqui sozinho, certamente dormiria, talvez à custa da própria vida. Percebo ser verdade o que disse o sábio: "É melhor ter companhia do que estar sozinho" (Ec 4.9). Até aqui sua companhia tem sido uma bênção para mim, e certamente você terá boa recompensa por seus esforços.

Cristão — Para espantar a sonolência, então, nada melhor que uma boa conversa.

Esperançoso — Ora, como não?

Cristão — Por onde começamos?

Esperançoso — Por onde Deus começou conosco. Mas, por favor, comece você.

> Se os santos se acham sonolentos, mofinos,
> Que ouçam o que dizem esses dois peregrinos.
> Sim, que aprendam com eles, devotados,
> Como manter bem abertos os olhos cansados.
> A comunhão dos santos, os olhos no eterno,
> Mantêm o homem desperto e longe do inferno.

Nesse momento, Cristão começou a dizer:

— Vou lhe fazer uma pergunta. Como foi que começou a pensar em agir como hoje?

Esperançoso — Você pergunta como comecei a buscar o bem da minha alma?

Cristão — Sim, é essa mesma a minha pergunta.

Esperançoso — Passei muito tempo hipnotizado pelas coisas que se veem e vendem na nossa feira, coisas que, hoje creio, teriam me arrastado à perdição e à destruição, caso nelas eu persistisse.

Cristão — Que coisas eram essas?

Esperançoso — Todos os tesouros e riquezas do mundo. Também adorava a desordem, as orgias, a bebida, os palavrões, a mentira, a impureza, a violação do sábado e muito mais. Tudo o que concorria para a destruição da alma. Mas, ouvindo e refletindo sobre as coisas divinas, ouvindo de você e também do amado Fiel, que foi morto por sua fé e pelo reto viver na Feira das Vaidades, finalmente descobri: "O fim delas é morte" (Rm 6.21), e que por causa dessas coisas a ira de Deus vem "sobre os que vivem na desobediência" (Ef 5.6).

Cristão — E você então imediatamente se deixou arrebatar pelo poder dessa convicção?

Esperançoso — Não, não me dispus logo de início a reconhecer a iniquidade do pecado, nem a condenação que sobrevém a quem a pratica; bem pelo contrário. Assim que a Palavra penetrou em minha mente, passei a empenhar-me por fechar os olhos à luz.

Cristão — Mas o que foi que o fez perseverar naquela vida, mesmo diante dos primeiros esforços do bendito Espírito de Deus em você?

Esperançoso — Bem, primeiro porque eu ignorava que aquilo fosse a obra de Deus em mim. Nem me passava pela cabeça que é pelo despertar para o pecado que Deus começa a conversão do pecador. Segundo, porque o pecado era ainda muito agradável à carne, e eu relutava em abandoná-lo. Em terceiro lugar, não via como me separar de meus velhos companheiros, pois sua presença e seus atos me eram tão desejáveis! E, finalmente, as horas em que essas convicções tomavam conta de mim eram tão dolorosas e tão aterrorizantes que o meu coração não podia suportá-las, nem mesmo a lembrança delas.

Cristão — Então, ao que parece, às vezes você se via livre dessa sua aflição.

Esperançoso — Isso mesmo, só que ela me voltava à mente outra vez, e então eu ficava tão mal quanto antes, ou mesmo pior.

Cristão — Mas o que é que o fazia lembrar os pecados de novo?

Esperançoso — Muitas coisas. Por exemplo: se eu encontrasse um bom homem nas ruas; ou se eu ouvisse alguém lendo a Bíblia; ou se a minha cabeça começasse a doer; ou se ficasse sabendo que algum vizinho meu estava doente; ou se eu ouvisse os sinos tocarem pelos mortos; ou se eu mesmo pensasse na morte; ou se ficasse sabendo que alguém morrera de morte súbita. Mas especialmente quando eu pensava em que logo chegaria a hora do meu julgamento.

Cristão — E você conseguia livrar-se com facilidade da culpa do pecado quando ela lhe sobrevinha por algum desses meios?

Esperançoso — Não, com o passar do tempo, não, pois essas coisas me dominavam a consciência cada vez mais rápido. Depois, se eu ao menos pensasse em voltar a pecar (embora os meus pensamentos se revoltassem contra isso), o meu tormento era dobrado.

Cristão — O que você fez, então?

Esperançoso — Cheguei à conclusão de que deveria esforçar-me por me corrigir, pois senão, pensei, certamente seria condenado.

Cristão — E de fato se esforçou por corrigir-se?

Esperançoso — Sem dúvida nenhuma. Fugi não só dos meus pecados, mas também dos meus companheiros de pecado, e passei a dedicar-me a deveres religiosos, como a oração, a leitura, o arrependimento do pecado, o falar a verdade ao próximo e assim por diante. Fiz essas e tantas outras coisas, que nem posso relatar todas elas aqui.

Cristão — E então passou a se sentir melhor?

Esperançoso — Passei, por algum tempo, mas por fim a minha angústia novamente me afligiu, apesar de toda a renovação que me impus.

Cristão — Mas como, se você já estava renovado?

Esperançoso — Por várias razões, especialmente ao lembrar coisas como estas: "Todos os nossos atos de justiça são como trapo imundo"; "Ninguém é justificado pela prática da Lei"; "Quando tiverem feito tudo o que lhes for ordenado, devem dizer: 'Somos servos inúteis'" (Is 64.6; Gl 2.16; Lc 17.10), além de muitas outras semelhantes. A partir disso, comecei a refletir: se todas as minhas justiças não passam de trapo imundo, se pelas obras da lei homem nenhum pode ser justificado, e se depois de ter feito tudo não passamos de servos inúteis, então é pura loucura pensar em alcançar o céu pela lei. Pensei também: se um homem contrai certa dívida no comércio, mas depois passa a pagar à vista tudo o que compra, ainda assim sua antiga dívida permanece na caderneta, e por ela o comerciante pode processá-lo e lançá-lo na prisão, até que esteja quitada.

Cristão — Bom, e como você aplicou isso a si mesmo?

Esperançoso — Ora, assim pensei comigo: por conta dos meus pecados acumulei enorme dívida no livro de Deus e, mesmo que agora esteja renovado, não conseguirei liquidar esse débito. Devo, portanto, pensar nisso constantemente, mesmo diante de tudo o que já fiz para corrigir-me. Mas como poderei livrar-me da condenação em que me enredei por causa dos pecados do meu passado?

Cristão — Muito bem, ótimo o seu proceder. Mas, por favor, continue.

Esperançoso — Outra coisa que me vem perturbando, desde as minhas primeiras reformas, é que, ao examinar detidamente o melhor que hoje faço, ainda vejo pecado. Pecado novo, combinado ao de melhor que faço. Então, sou obrigado a concluir que, apesar dos bons conceitos que eu tinha de mim mesmo e dos meus deveres, a cada novo ato cometo pecado suficiente para ir para o inferno, mesmo que a minha vida anterior fosse imaculada.

Cristão — Mas o que você fez, então?

Esperançoso — O que fiz? Simplesmente não sabia o que fazer, até o momento em que enfim criei coragem para abrir o coração a Fiel, pois eu e ele nos conhecíamos bem. Ele me disse que, a menos que eu obtivesse a justiça de um homem que jamais houvesse pecado, nem eu mesmo nem toda a justiça do mundo poderia salvar-me.

Cristão — E você crê que ele disse a verdade?

Esperançoso — Se ele me tivesse dito isso quando eu me achava contente e satisfeito com as minhas próprias reformas, certamente eu o teria julgado louco por seu esforço insano, mas como hoje percebo a minha própria insanidade, e o pecado que se une aos meus melhores atos, sou forçado a concordar com ele.

Cristão — Mas, quando ele lhe sugeriu isso, você julgou que seria possível encontrar tal homem, de quem se podia dizer com justiça que jamais havia pecado?

Esperançoso — Devo confessar que, a princípio, as palavras me soaram esquisitas, mas depois de conversar mais com ele, fiquei plenamente convencido dessa verdade.

Cristão — Você lhe perguntou que homem era esse, e como você poderia ser justificado por intermédio dele?

Esperançoso — Perguntei, sim, e ele me disse que era o Senhor Jesus, que estava à direita do Altíssimo. E assim, disse ele, a única saída é ser justificado por ele, crendo naquilo que ele mesmo fez nos tempos em que viveu entre nós, para depois sofrer e morrer no madeiro. Perguntei-lhe ainda como é que a justiça desse homem poderia ser tão eficaz, a ponto de justificar outra pessoa perante Deus. E ele me disse que esse homem era o próprio Deus todo-poderoso, e o que ele fez, enfrentando a própria morte, não foi por si mesmo, mas por mim, a quem se deveriam atribuir seus atos e a dignidade destes, desde que eu cresse nele.

Cristão — E o que você fez, então?

Esperançoso — Levantei objeções a essa crença, pois pensava que ele não estaria disposto a me salvar.

Cristão — E o que lhe disse Fiel?

Esperançoso — Encorajou-me a ir vê-lo. Eu lhe disse que isso seria presunção da minha parte, mas ele disse que não, que eu estava convidado a fazê-lo. Depois, deu-me um livro ditado por Jesus, para encorajar-me a buscá-lo com mais liberdade. A respeito desse livro, disse-me ainda que nele cada *i* e cada *til* eram mais firmes do que o céu e a terra. Perguntei-lhe, então, o que deveria fazer quando o encontrasse, e ele me respondeu que eu deveria ficar de joelhos e suplicar, de todo o meu coração e de toda a minha alma, que o Pai o revelasse a mim. Então perguntei-lhe como eu deveria fazer essa súplica. E ele disse: você o encontrará num propiciatório, onde ele fica o ano inteiro para conceder o perdão àqueles que o procuram.

— Declarei-lhe então — continuou Esperançoso — que não saberia o que dizer quando lá chegasse, e ele me mandou dizer isto: "Ó Deus, tem misericórdia de mim, pecador que sou, e faze-me conhecer e crer em Jesus Cristo, pois sei que sem a sua justiça ou sem que eu tenha fé nessa justiça, certamente serei lançado fora. Senhor, ouvi dizer que és um Deus compassivo, que determinaste que o teu Filho Jesus Cristo seria o Salvador do mundo, e que, além disso, tu estás disposto a concedê-lo ao pecador miserável que sou (e sou de fato pecador). Senhor, aproveita então esta oportunidade e manifesta a tua graça na salvação da minha alma, por meio do teu Filho Jesus Cristo. Amém".

Cristão — E então você fez o que ele lhe aconselhou?

Esperançoso — Sim, e muitas, muitas vezes.

Cristão — E o Pai certamente lhe revelou seu Filho...

Esperançoso — Não na primeira vez, nem na segunda, nem na terceira, nem na quarta, nem na quinta. Não. Não foi nem mesmo na sexta.

Cristão — O que você fez, então?

Esperançoso — O que fiz? Para dizer a verdade, nem sabia o que fazer.

Cristão — Não foi tentado a deixar de orar?

Esperançoso — Fui, umas cem vezes. Ou duzentas.

Cristão — E por que não o fez?

Esperançoso — Eu acreditava que o que me disseram era verdade: que, sem a justiça desse Cristo, nem mesmo o mundo todo poderia salvar-me. Então pensei comigo: se esqueço tudo isso, morro; e no trono da graça o máximo que me acontecerá é também a morte. Assim, veio-me esta ideia: "Ainda que demore, espere-a; porque ela certamente virá e não se atrasará" (Hc 2.3). Portanto, continuei orando até que o Pai enfim me revelasse seu Filho.

Cristão — E como foi que ele lhe revelou o Filho?

Esperançoso — Não o vi com os olhos da carne, mas com os olhos do entendimento. Foi assim: certo dia, estava eu muito triste, mais triste do que jamais me sentira na vida. Essa tristeza me veio pela percepção da grandeza e da iniquidade de meus pecados. Então, quando eu já nada esperava senão o inferno e a eterna perdição da minha alma, vi, de repente, o Senhor Jesus olhar lá do céu para mim, dizendo: "Creia no Senhor Jesus, e serão salvos, você e os de sua casa" (At 16.31). Respondi, "Senhor, sou um grande pecador, pecador de fato". E ele me disse: "Minha graça é suficiente para você" (2Co 12.9). Então falei: "Mas, Senhor, o que significa crer?". Foi aí, ao me vir à mente esta passagem: "Aquele que vem a mim nunca terá fome; aquele que crê em mim nunca terá sede" (Jo 6.35), que percebi que crer e vir são a mesma coisa, e que aquele que vem, ou seja, busca a salvação de Cristo com o coração e o afeto, esse de fato crê em Cristo.

— Então meus olhos marejavam — continuou Esperançoso —, e pedi ainda: "Mas Senhor, será que um grande pecador como eu poderá de fato ser aceito por ti, e salvo por ti?". E o ouvi dizer: "Quem vier a mim eu jamais rejeitarei" (Jo 6.37). Falei depois: "Mas como, Senhor, devo proceder contigo, quando for a ti, para que a minha fé se faça correta?". E ele respondeu: "Cristo Jesus veio ao mundo para salvar os pecadores. Ele é o fim da lei para justiça de todo aquele que crê. Ele morreu pelos nossos pecados, e ressuscitou para nossa justificação. Ele nos ama, e por seu sangue nos libertou dos nossos pecados. Ele é mediador entre Deus e nós. Ele vive sempre para interceder por nós" (1Tm 1.15; Rm 10.4; Ap 1.5; 1Tm 2.5; Hb 7.25).

— E de tudo isso — disse ainda — concluí que devo procurar justiça na sua pessoa, e a expiação dos meus pecados pelo seu sangue. O que ele fez em obediência à lei do seu Pai, submetendo-se ao castigo, não foi por si mesmo que fez, mas por aquele que, grato, aceita esse sacrifício para sua salvação. E então meu coração ficou repleto de alegria, os olhos cheios de lágrimas e o coração transbordante de amor pelo nome, pela pessoa e pela obra de Jesus Cristo.

Cristão — De fato foi uma revelação de Cristo a sua alma. Mas, diga-me: que efeito exerceu tudo isso sobre o seu espírito?

Esperançoso — Fez-me ver que o mundo inteiro, apesar de toda a sua justiça, está em um estado de condenação. Fez-me ver que, por ser justo, Deus Pai pode justificar, com retidão, o pecador que busca a Jesus. Deixou-me profundamente envergonhado da iniquidade da minha vida anterior, fazendo-me conhecer e sentir a minha própria ignorância. Pois antes jamais tivera no coração sentimento que me revelasse a maravilhosa beleza de Jesus Cristo. Fez-me amar a vida de santidade e desejar fazer algo para honra e glória do nome do Senhor Jesus. Pensei: tivesse eu agora mil litros de sangue nas veias, poderia vertê-lo todo por amor de Jesus Cristo.

19

Ignorância: um cristão apenas de nome

Então vi em meu sonho que Esperançoso olhava para trás. E eis que viu Ignorância se aproximando, aquele homem que já haviam encontrado antes no caminho.

— Olhe lá — disse ele a Cristão. — Veja só o quanto este rapaz se retardou pelo caminho.

Cristão — É verdade, lá vem ele. Não queria mesmo a nossa companhia.

Esperançoso — Mas, creio eu, não lhe faria mal se nos tivesse acompanhado.

Cristão — De fato. Mas lhe garanto que ele pensa de outro modo.

Esperançoso — Também acho. Seja como for, esperemos um pouco por ele.

E esperaram. Quando já estava próximo, Cristão o chamou:

— Vamos, homem, por que é que você ficou tão para trás?

Ignorância — Prefiro caminhar sozinho, a menos que goste mais da companhia.

Cristão então sussurrou a Esperançoso:

— Não lhe disse que ele pouco se importa com a nossa companhia? Mas assim mesmo vamos tratar de passar o tempo conversando, pois este lugar aqui é mesmo solitário.

Dirigindo-se agora a Ignorância, falou:

— Ora, como vai? Como anda a relação de sua alma com Deus?

Ignorância — Espero que vá bem, pois estou sempre repleto de bons pensamentos que me vêm à mente para me consolar na caminhada.

Cristão — Que bons pensamentos são esses? Pode nos dizer?

Ignorância — Ora, penso em Deus e no céu.

Cristão — Também os demônios e as almas pensam como você.

Ignorância — Pois não só penso neles, mas os desejo.

Cristão — Muitos que jamais chegarão lá também desejam. A alma do preguiçoso deseja e nada consegue (Pv 13.4).

Ignorância — Mas não só penso neles, pois tudo abandono por eles.

Cristão — Disso duvido, pois abandonar tudo é coisa difícil. Mais difícil do que muitos imaginam por aí. Mas o que o fez pensar que você abandonou tudo por Deus e pelo céu?

Ignorância — Quem me diz isso é o meu coração.

Cristão — Diz o sábio: "Quem confia em si mesmo é insensato" (Pv 28.26).

Ignorância — Isso se diz de um coração mau, mas o meu é bom.

Cristão — Você pode provar isso?

Ignorância — Ele me consola com a esperança do céu.

Cristão — Isso talvez seja uma armadilha, pois o coração do homem pode consolá-lo com esperanças de algo que ele não tem por que esperar.

Ignorância — Mas o meu coração e a minha vida estão em harmonia, e, portanto, essa esperança é bem fundada.

Cristão — Quem foi que lhe disse que o seu coração e a sua vida estão em harmonia?

Ignorância — O meu próprio coração, ora.

Cristão — Então, pergunte-lhe se eu sou um ladrão! Seu coração certamente lhe dirá que sim! A menos que a palavra de Deus dê testemunho a esse respeito, qualquer outro testemunho nada vale.

Ignorância — Mas os bons pensamentos não procedem de um bom coração? E não é santa a vida que está de acordo com os mandamentos de Deus?

Cristão — Correto. É de um bom coração que procedem os bons pensamentos, e disso certamente procede o santo viver, conforme aos mandamentos de Deus. Mas uma coisa é vivenciar isso, outra bem diferente é só imaginar que é assim.

Ignorância — Ora, para você o que são bons pensamentos e um viver conforme aos mandamentos de Deus?

Cristão — Há bons pensamentos de vários tipos. Alguns a respeito de nós mesmos, outros de Deus, outros de Cristo e ainda outros a respeito de coisas diversas.

Ignorância — E quais são os bons pensamentos a respeito de nós mesmos?

Cristão — Aqueles que concordam com a Palavra de Deus.

Ignorância — E quando é que os nossos pensamentos a respeito de nós mesmos concordam com a Palavra de Deus?

Cristão — Quando fazemos de nós o mesmo juízo que faz a Palavra. Explico-me: a Palavra de Deus diz o seguinte das pessoas em estado natural: "Não há nenhum justo, nem um sequer; não há ninguém que faça o bem" (Rm 3.10,12). Diz também: "Que toda inclinação dos pensamentos do seu coração era sempre e somente para o mal" (Gn 6.5). E ainda: "Seu coração é inteiramente inclinado para o mal desde a infância" (Gn 8.21). Ora, quando é isso que pensamos de nós, com absoluta consciência, então os nossos pensamentos são bons, pois estão conformes à Palavra de Deus.

Ignorância — Jamais poderei crer que o meu coração seja assim tão mau.

Cristão — Então você nunca teve sequer um único bom pensamento ao seu próprio respeito em toda a sua vida. Mas permita-me prosseguir. Assim como a Palavra faz juízo do nosso coração, também o faz em relação aos nossos caminhos. Então, quando os pensamentos do nosso coração e os nossos caminhos concordam com o juízo que a Palavra faz de ambos, então ambos são bons, pois concordam com a Palavra.

Ignorância — Esclareça, por favor.

Cristão — Ora, a Palavra de Deus diz que os caminhos do homem são tortuosos; que não são bons, mas perversos. Diz que os homens naturalmente se afastam do bom caminho, que eles nem mesmo conhecem. Ora, quando o homem assim considera os seus caminhos, ou seja, quando ele, humilhando-se em seu coração, reflete desse modo, aí sim ele tem bons pensamentos a respeito de seus caminhos, pois agora estão de acordo com o juízo da Palavra de Deus.

Ignorância — E quais são os bons pensamentos a respeito de Deus?

Cristão — Como já disse a respeito de nós mesmos, os nossos pensamentos a respeito de Deus são bons quando concordam com o que a Palavra diz dele. E isso acontece quando pensamos em seu ser e em seus atributos segundo o que a Palavra nos ensina. Neste momento, no entanto, não posso explicar-lhe isso detalhadamente. Mas, falando de Deus com respeito a nós, só temos pensamentos corretos de Deus quando pensamos que ele nos conhece melhor do que nós mesmos nos conhecemos, e que ele pode ver em nós o pecado quando e onde nós mesmos não podemos. Temos pensamentos corretos de Deus quando pensamos que ele conhece os nossos pensamentos mais íntimos, e que o nosso coração, com todas as suas profundezas, está sempre aberto aos seus olhos. Também quando pensamos que toda a nossa justiça é abominável a Deus e que, portanto, ele não pode tolerar que nos coloquemos diante dele com confiança alguma em nossas obras, mesmo nas melhores.

Ignorância — Você por acaso acha que sou tolo a ponto de pensar que Deus não pode ver mais além do que eu? Ou que eu me apresentaria diante de Deus com orgulho de minhas melhores obras?

Cristão — Ora, o que então você pensa disso?

Ignorância — Sendo breve, penso que devemos crer em Cristo para alcançar a justificação.

Cristão — Como? Como é que você pensa que deve crer em Cristo se não enxerga a necessidade que você tem dele? Você não vê nem as suas debilidades originais nem as atuais, mas mesmo assim tem essa opinião de si mesmo e do que faz. Isso prova claramente que nunca percebeu a necessidade de a justiça pessoal de Cristo justificá-lo perante Deus. Como você diz então: "Eu creio em Cristo"?

Ignorância — Creio, sim, e muito, apesar disso tudo.

Cristão — E como você crê?

Ignorância — Creio que Cristo morreu pelos pecadores e que serei justificado perante Deus, ficando livre da maldição. E tudo por sua graciosa aceitação da minha obediência à sua lei. Ou melhor: Cristo torna os meus deveres religiosos aceitáveis ao seu Pai em virtude de seus méritos, sendo eu assim justificado.

Cristão — Se me permite, vou contestar essa sua confissão de fé. Primeiro, você crê com fé imaginária somente, pois essa fé não se encontra descrita em lugar nenhum da Palavra. Segundo, a fé em que se baseia sua crença é falsa, porque você aplica a justificação da justiça pessoal de Cristo à sua própria justiça. Terceiro, essa fé não faz de Cristo justificador da sua pessoa, mas dos seus atos, o que é falso. E em quarto lugar, essa fé não só é enganosa, mas certamente trará sobre você a ira no dia do Deus todo-poderoso, pois a verdadeira fé justificadora faz que a alma (sabedora de sua perdição na lei) busque refúgio na justiça de Cristo (e ela não consiste em um ato de graça para que a sua obediência seja aceita por Deus para a justificação, mas sim na obediência pessoal de Cristo à lei, que o fez sofrer por nós, em nossas mãos, tudo o que a lei exigiu). Essa é a justiça, afirmo-lhe, que a verdadeira fé aceita. É debaixo dela que a alma se refugia, e é por causa dela que a alma se apresenta imaculada perante Deus, sendo então aceita e resgatada da condenação.

Ignorância — O quê? Então você quer que acreditemos somente no que Cristo fez, sem participação nossa? Essa presunção certamente afrouxaria as rédeas das nossas paixões, permitindo que vivamos como bem quisermos. Afinal, se assim é, o que importa como vivamos se depois seremos justificados pela justiça pessoal de Cristo, bastando para isso apenas crer nela?

Cristão — Ignorância é o seu nome, e você bem o merece. Essa sua resposta demonstra o que digo. Você ignora a justiça justificadora, e também como pode salvar sua alma, por essa fé, da pesada ira de Deus. Sim, você ignora também as verdadeiras consequências da fé salvadora na justiça de Cristo, que significa curvar e oferecer o coração a Deus em Cristo, amar o seu nome, a sua palavra, os seus caminhos e o seu povo, mas não como você, em sua ignorância, imagina.

Esperançoso — Pergunte-lhe se algum dia Cristo já lhe foi revelado do céu.

Ignorância — Quê? Temos aqui então um homem de revelações? Creio que aquilo que vocês dois, e todos os outros como vocês, dizem sobre essa questão não passa do fruto de mentes perturbadas.

Esperançoso — Convenhamos, homem! Cristo está em Deus de um modo tão incompreensível às inquietações naturais de toda carne que homem nenhum pode conhecê-lo de uma maneira salvadora, a não ser que Deus Pai o revele ao homem.

Ignorância — Essa é a sua fé, não a minha. Mas a minha, e disso não duvido, é tão boa quanto a de vocês, embora eu não traga na alma tantos caprichos como vocês trazem.

Cristão — Peço licença para intervir. Você não deveria falar com tanto desprezo sobre esse assunto. Reafirmo categoricamente o que meu irmão já lhe disse: homem nenhum pode conhecer Jesus Cristo senão pela revelação do Pai. E lhe digo mais: a fé, pela qual a alma se agarra a Cristo (se é que me expresso bem), deve vir necessariamente pela espantosa grandeza do imenso poder divino. Mas percebo, pobre Ignorância, que você não sabe nada dessa fé. Acorde, então: olhe a sua própria iniquidade e busque refúgio no Senhor Jesus, pois, pela justiça de Cristo, que é a justiça de Deus (pois ele mesmo é Deus), você será libertado da condenação.

Ignorância — Vocês andam rápido demais. Não posso mais acompanhá-los. Vão então na minha frente. Quanto a mim, prefiro ficar para trás

Então os dois disseram:

Será insensato, Ignorância, a ponto mesmo
De desprezar o conselho, andando a esmo?
E se ainda o recusa, saberá logo, é certo,
O mal que se faz, julgando-se assim desperto.
Lembre-se, homem, não tema, tempo ainda há,
Pois quem aceita o bom conselho salvo será.
Ouça, então: se ainda assim o despreza, tonto,
Sairá perdendo e há de chorar o desaponto.

Cristão, dirigindo-se a seu companheiro, falou assim:

— Bom, vamos, então, meu caro Esperançoso. Vejo que eu e você devemos caminhar sós novamente.

Então vi em meu sonho que os dois apertavam o passo, enquanto Ignorância ficava para trás, vacilante. E novamente Cristão falou ao companheiro:

— Tenho muita pena desse pobre homem. Certamente se dará mal no fim.

Esperançoso — É pena! Mas há muitos e muitos como ele em nossa cidade, famílias inteiras, até ruas inteiras. Quantos também não são os peregrinos que se acham nesse estado! Imagine você: se tantos dos nossos estão assim, quantos não haverá na terra natal desse homem!

Cristão — De fato diz a Palavra: “Cegou os seus olhos para que não vejam” (Jo 12.40). Mas agora que estamos sós, o que é que você acha desses homens? Será que nunca têm convicção de seu pecado, temendo consequentemente que seu estado seja perigoso?

Esperançoso — Peço que você mesmo responda a essa pergunta, já que é o mais velho de nós dois.

Cristão — Pois isto digo: sou de opinião que às vezes eles podem ter tal convicção, mas, sendo naturalmente ignorantes, não compreendem que ela trabalha para o seu bem. Assim, tentam desesperadamente sufocá-la, e presunçosamente continuam a exaltar-se segundo os caminhos do seu próprio coração.

Esperançoso — Acredito de verdade no que você diz, que o medo muito trabalha para o bem dos homens, para corrigi-los na própria raiz, levando-os à peregrinação.

Cristão — Sem dúvida nenhuma é assim que age o medo, sendo ele correto. Pois assim prega a Palavra: "O temor do Senhor é o princípio da sabedoria" (Sl 111.10; Pv 9.10).

Esperançoso — E como você definiria o medo correto?

Cristão — O medo verdadeiro, ou correto, se revela em três coisas. Primeiro, em sua origem, pois é provocado pela salvadora convicção do pecado. Segundo, ele leva a alma a agarrar-se a Cristo em busca da salvação. E terceiro, ele gera e sustenta na alma grande reverência por Deus, por sua palavra e por seus caminhos, conservando a alma terna e incutindo-lhe também o receio de afastar-se desses caminhos, seja para a direita ou para a esquerda, ou de fazer qualquer coisa que desonre a Deus, viole a paz da alma, entristeça o Espírito ou faça o inimigo falar com censura nos lábios.

Esperançoso — Muito bem. Creio que você de fato falou a verdade. Será que já saímos do Solo Enfeitiçado?

Cristão — Por quê? Cansou-se já da nossa conversa?

Esperançoso — Não, de modo nenhum. Mas gostaria de saber onde estamos.

Cristão — Ainda temos uns três quilômetros pela frente antes de sair destas terras. Mas retomemos o assunto. Ora, os ignorantes não sabem que essas convicções lhes incutem um medo que vem para o seu próprio bem, e por isso procuram sufocá-las.

Esperançoso — E como é que tentam sufocá-las?

Cristão — Bem, em primeiro lugar, eles pensam que esses temores são gerados pelo Diabo, quando na verdade são incutidos por Deus. Pensando assim, buscam resistir a eles, pois julgam que os temores poderão levá-los à ruína. Em segundo lugar, também supõem que esses temores tendem a corromper a sua fé, quando na verdade, pobres homens que são, não possuem mesmo fé nenhuma. Sendo assim, endurecem o coração contra eles. Em terceiro lugar, julgam que não devem temer e, portanto, apesar de seus temores, tornam-se presunçosamente confiantes. Por último, acham que esses temores podem desonrar sua antiga e lamentável falsa santidade e, portanto, resistem a eles com todas as suas forças.

Esperançoso — Sei disso por experiência própria; pois, antes de me convencer disso, também aconteceu comigo.

Cristão — Bom, deixemos agora de lado o nosso caro Ignorância, e tratemos de outra questão bastante proveitosa.

Esperançoso — Tem todo o meu apoio. Gostaria que você mais uma vez começasse.

Cristão — Há cerca de dez anos, você por acaso não conheceu um homem chamado Temporário, que na época era importante dentro da religião em nossa terra?

Esperançoso — Se o conheci? Mas claro! Ele morava em Desventura, cidade a cerca de três quilômetros de Honestidade. E era vizinho de certo homem chamado Recuo.

Cristão — Isso mesmo. Só que os dois, na verdade, moravam na mesma casa. Bem, esse homem, Temporário, um dia viveu um grande despertar. Creio que ele então enxergou seus pecados e o castigo que sofreria por eles.

Esperançoso — Concordo com você, pois a minha casa não ficava nem a cinco quilômetros da dele, e ele volta e meia vinha me visitar, isso durante muitos anos. Eu na verdade tinha pena do homem, mas nutria ainda alguma esperança por ele. Porém, como se sabe, nem todos os que clamam "Senhor, Senhor" serão salvos.

Cristão — Ele me disse certa feita que estava decidido a partir em peregrinação, como agora fazemos nós dois, mas de repente conheceu um certo Salve-a-si-mesmo, e então virou-me a cara.

Esperançoso — Já que estamos falando dele, vejamos a razão de seu súbito retrocesso e de tantos outros.

Cristão — Certamente será um debate muito proveitoso. Mas comece você, por favor.

Esperançoso — Bom, em minha opinião, há quatro razões para tal. A primeira é que, embora a consciência desses homens tenha despertado, seus pensamentos não mudaram. Portanto, quando o poder da culpa se esgota, cessa o que os tornava religiosos. Assim, naturalmente voltam à sua antiga conduta, pois não vemos que o cão indisposto por algo que comeu, enquanto a indisposição o acomete, vomita e lança tudo fora? Não que o faça por raciocinar livremente (se é que um cão raciocina), mas apenas porque era algo que lhe desarranjava o estômago. Quando, porém, passa o mal-estar e seu estômago se alivia, não estando seus desejos alheios ao próprio vômito, ele logo se vira e lambe tudo de volta. Por isso é bem verdade o que está escrito: "O cão volta ao seu próprio vômito" (2Pe 2.22). Portanto, se arde o seu desejo pelo céu em virtude apenas da ideia e do medo dos tormentos do Inferno, quando a ideia do Inferno passa e os medos da perdição esfriam, também esfriam os desejos pelo céu e pela salvação. Isso quer dizer que, ao desaparecerem a culpa e o medo, morre também o desejo pelo céu e pela felicidade, voltando eles aos seus caminhos tortuosos.

— Em segundo lugar — continuou Esperançoso —, eles são dominados por medos tirânicos. Falo agora dos medos que têm dos homens: "Quem teme o homem cai em armadilhas" (Pv 29.25). Assim, embora pareçam arder de desejo pelo céu enquanto as labaredas do Inferno lambem as suas orelhas, quando o terror amaina, eles logo mudam de opinião: ou seja, pensam que o melhor é ser esperto, não correr o risco (sabe-se lá pelo quê) de perder tudo, ou, pelo menos, de trazer para si aflições inevitáveis e desnecessárias. E assim novamente se entregam ao mundo.

— Em terceiro lugar — acrescentou —, a vergonha que acompanha a religião também funciona como obstáculo no caminho deles, pois são orgulhosos e soberbos, e a religião aos seus olhos é vil e desprezível. Portanto, depois de perder o medo do Inferno e da ira vindoura, voltam a suas antigas práticas.

— Em quarto lugar — concluiu — a culpa e a ponderação do terror os afligem. Não gostam de olhar a própria miséria antes que ela os alcance. Embora, talvez, a primeira visão dessa miséria pudesse fazê-los buscar refúgio no lugar para onde fogem os justos à procura de segurança; mas isso só se tiverem amor por essa visão. Contudo, como já sugeri antes, eles na verdade evitam a ideia de culpa e terror, e, quando se veem livres do despertar para o terror e a ira de Deus, é com alegria que endurecem o coração, preferindo os caminhos que cada vez mais o endureçam.

Cristão — Você está quase no âmago da questão, pois a razão de tudo é a falta de transformação nos pensamentos e na vontade. Portanto, eles se assemelham ao criminoso diante do juiz: treme, agita-se e parece arrepender-se muito sinceramente, mas a razão de tudo é o medo da forca, e não a aversão ao crime. Isso se torna evidente, pois basta dar ao homem a liberdade que ele logo volta a roubar, perseverando no crime. Porém, se sua mente se transforma, ele passa a agir de outro modo.

Esperançoso — Acabei de lhe mostrar as razões do retrocesso. Agora peço que me mostre como isso acontece.

Cristão — Com o maior prazer. Primeiro, eles afastam seus pensamentos, o mais que podem, da lembrança de Deus, da morte e do juízo vindouro. Depois, se desvencilham pouco a pouco dos deveres privados, como a oração individual, o refreio das paixões, a vigília e o arrependimento do pecado, entre outros. Em terceiro lugar, passam a evitar a companhia de cristão ativos e calorosos. Mais tarde, tornam-se esquivos aos deveres públicos, como ouvir, ler e discutir assuntos piedosos, entre outros. Em seguida, passam a procurar defeitos na vida dos piedosos e, usando como pretexto alguma fraqueza que, diabolicamente, tenham verificado nos outros, tratam de se ver livres da religião. Depois, começam a se unir a homens carnais, libertinos, devassos, e passam a ter, em segredo, conversas carnais e devassas. Muito se alegram quando veem o mesmo defeito em gente considerada honesta, para que assim possam seguir seu exemplo mais ousadamente. Depois disso, começam a praticar certos pecados abertamente e, por fim, insensíveis, revelam-se como de fato são. Lançados assim outra vez no abismo da miséria, a menos que um milagre da graça o evite, perecem para sempre em seus próprios enganos.

20

Cristão e Esperançoso atravessam o Rio da Morte e entram, finalmente, na Cidade Celestial

Vi então em meu sonho que a essa altura os peregrinos deixavam o Solo Enfeitiçado e entravam na terra da Desposada, de ar bem doce e agradável. Como o caminho atravessasse essa terra, ali puderam deleitar-se por certo tempo. Ouviam continuamente o canto dos pássaros, viam todo dia as flores brotando da terra e ouviam a voz da rolinha.

Nessa terra, o sol brilha noite e dia, pois já estavam além do Vale da Sombra da Morte e fora do alcance do gigante Desespero. Desse lugar tampouco se avistava o Castelo da Dúvida. Dali já enxergavam a cidade para onde se dirigiam.

Também encontraram por ali alguns de seus habitantes, pois nessa terra, já às portas do céu, os seres resplandecentes costumavam caminhar. Foi aqui também que se renovou a aliança entre a noiva e o noivo, e assim como o noivo se alegra da noiva, também o seu Deus deles se alegra (Is 62.5).

Ali não lhes faltava nem trigo nem vinho, pois encontraram abundância daquilo que vinham buscando em toda a peregrinação. Ouviam vozes lá da cidade, altas vozes que diziam: "Digam à cidade de Sião: Veja! O seu Salvador vem! Veja! Ele traz a sua recompensa" (Is 62.11). Todos os habitantes da terra os chamavam assim: "Povo santo, redimidos do Senhor, procurados" e assim por diante. (Is 62.12).

Agora, caminhando por essa terra, tinham mais alegria do que em outras partes mais distantes do reino pelas quais seguiram e, à medida que se aproximavam da cidade, tinham dela uma vista cada vez mais perfeita.

Era toda de pérolas e pedras preciosas. Também as ruas eram revestidas de ouro, de modo que, em virtude da glória natural da cidade e do reflexo dos raios solares sobre ela, Cristão se viu desfalecido de tanto desejo. Esperançoso também teve um ou dois acessos da mesma moléstia. Por isso se viram obrigados a parar por algum tempo, gritando em meio a tanta ansiedade: "Se encontrarem o meu amado, digam a ele que estou doente de amor" (Ct 5.8).

Mas, já um pouco fortalecidos e mais capazes de tolerar essa ansiedade, voltaram a caminhar. E, caminhando, aproximavam-se cada vez mais de pomares, vinhedos e jardins, os portões abertos à estrada. Acercando-se desses lugares, eis que viram o jardineiro no caminho, e a ele perguntaram:

— De quem são estes belos vinhedos e jardins?

— São do Rei e foram plantados aqui para deleite dele mesmo, e também para consolo dos peregrinos.

Então os levou aos vinhedos, oferecendo-lhes as delícias que ali havia. Também lhes mostrou as veredas do Rei, onde ele gostava de ficar. Ali também se recostaram e dormiram. Vi então em meu sonho que conversaram mais durante esse sono do que o haviam feito em toda a jornada. Tendo notado isso, disse-me o jardineiro:

— Por que você está tão admirado com isso? É da natureza das uvas desses vinhedos descer docemente, fazendo falar os lábios dos que dormem (Ct 7.9).

Depois, vi que, ao acordarem, estavam decididos a subir até a cidade. Mas, como já disse, os reflexos do sol sobre ela (pois "a cidade é de ouro puro", Ap 21.18) eram tão exuberantemente gloriosos que não conseguiam mirá-los diretamente, senão com um instrumento fabricado especificamente para tal fim. Então vi que, caminhando, encontraram dois homens em vestes brilhantes como ouro, cujos rostos também resplandeciam como a luz.

Os homens perguntaram aos peregrinos de onde vinham, e eles responderam. Perguntaram também onde se haviam hospedado, com que dificuldades e perigos, consolos e prazeres se haviam confrontado pelo caminho, e eles responderam. Então lhes disseram os homens:

— Só lhes restam duas dificuldades a superar, e depois já estarão na cidade.

Cristão e seu companheiro, então, pediram aos homens que os acompanhassem, e eles consentiram.

— Só que vocês terão de vencer pela sua própria fé.

Então vi em meu sonho que foram caminhando juntos até avistarem o portão.

Vi depois que entre eles e o portão havia um rio, sem ponte que levasse até a outra margem. O rio era muito profundo e, diante dele, os peregrinos se viram absolutamente perplexos. Mas os homens que os acompanhavam disseram:

— Precisam atravessá-lo. É o único meio de chegar até o portão.

Os peregrinos então perguntaram se não havia outro caminho que conduzisse até o portão.

— Há, mas só dois homens, Enoque e Elias, puderam trilhar esse caminho desde a fundação do mundo. E ninguém mais terá tal permissão até o soar da última trombeta.

Os peregrinos, em especial Cristão, desanimaram profundamente e, olhando de um lado e de outro, não viam alternativa que lhes permitisse contornar o rio. Perguntaram então aos homens se as águas eram profundas em toda a extensão do rio, e eles responderam que não, mas que não poderiam ajudá-los nesse momento.

— Vocês o acharão mais fundo ou mais raso dependendo da sua fé no Rei deste lugar.

Então decidiram entrar na água; e, entrando, Cristão começou a afundar, bradando então ao bom amigo Esperançoso:

— Afundo em águas profundas, as vagas me encobrem a cabeça, todas as suas ondas passam por cima de mim, Selá (Sl 42.7; Jn 2.3-6).

Falou então o outro:

— Tenha bom ânimo, meu irmão. Sinto o fundo, e é bom.

— Ah, meu amigo, as angústias da morte me envolveram — disse Cristão. — Não verei a terra que mana leite e mel.

E grande treva e terror desceram sobre Cristão, tanto que mais nada via à frente. Perdeu também praticamente os sentidos, não mais podendo lembrar-se nem falar sensatamente de nenhum dos doces refrigérios que encontrara ao longo da peregrinação, pois todas as palavras que falava revelavam o horror e os profundos temores de que morreria naquele rio, sem jamais alcançar a entrada do portão.

Como perceberam os que observavam a cena, ele também se debatia em meio às perturbadoras lembranças dos pecados que cometera, antes e depois de se tornar peregrino. Observou-se ainda que o assombravam aparições de duendes e espíritos malignos, pois vez por outra o sugeria em palavras.

Esperançoso, portanto, muito se esforçava por manter a cabeça do irmão acima da água. Mas às vezes ele afundava, para depois erguer-se novamente quase morto. Esperançoso também tentava consolá-lo. Dizia:

— Irmão, já vejo o portão adiante, e há homens ali de pé para nos receber.

Mas Cristão respondia:

— É você, é você que eles estão esperando. Pois tem sido Esperançoso desde que o conheci.

— E você também — respondeu.

— Ah, irmão! Se eu tivesse me portado com retidão, certamente ele agora surgiria para me ajudar, mas ele me enredou no laço pelos meus pecados e me abandonou.

— Meu irmão, você se esqueceu do livro, onde se diz dos ímpios: "Eles não passam por sofrimento e têm o corpo saudável e forte. Estão livres dos fardos de todos; não são atingidos por doenças como os outros homens" (Sl 73.4-5). Esses tormentos e aflições que você sofre nessas águas não são sinais de que Deus o abandonou, mas pretendem colocá-lo à prova, para ver se você se lembrará ou não daquilo que até aqui recebeu da sua bondade, confiando nele em meio a toda essa angústia.

Vi então em meu sonho que Cristão ficou absorto por alguns momentos; e Esperançoso disse ainda, incentivando-o:

— Tenha bom ânimo. Jesus Cristo curou você.

Diante dessas palavras, Cristão explodiu aos brados:

— Ó, novamente o vejo! E ele me diz: "Quando você atravessar as águas, eu estarei com você; quando você atravessar os rios, eles não o encobrirão" (Is 43.2).

Então os dois criaram coragem, e o inimigo, depois disso, fez-se mudo como pedra, até alcançarem a outra margem. Cristão imediatamente encontrou apoio para os pés no leito do rio, e o resto da travessia se deu em águas rasas. Já na outra margem do rio, viram novamente os dois seres resplandecentes, que ali os aguardavam. Saindo da água, foram saudados por eles:

— Somos espíritos ministradores, enviados para servir aqueles que hão de ser herdeiros da salvação (Hb 1.14).

Assim, dirigiram-se para o portão. Ora, o leitor deve notar que a cidade ficava sobre um monte imponente, mas os peregrinos o galgaram com facilidade, pois os dois homens os levavam pelo braço. Também haviam deixado lá atrás no rio as suas vestes mortais, pois embora tenham entrado nas águas com elas, ao sair já não as traziam no corpo.

Subiram, pois, com muita agilidade e rapidez, embora a fundação em que se assentava a cidade fosse mais alta que as nuvens. Atravessavam as alturas do ar, mansamente conversando pelo caminho, consolados por terem passado o rio em segurança e pela companhia e o auxílio de seres tão gloriosos.

Com os seres resplandecentes conversaram sobre a glória do lugar, e eles lhes disseram que a beleza e a glória eram simplesmente indizíveis.

— Ali — disseram — estão o monte Sião, a Jerusalém celeste, o inumerável exército dos anjos e os espíritos aperfeiçoados dos homens justos. Agora vocês irão para o paraíso de Deus, onde verão a árvore da vida e comerão de seus frutos eternos. Quando lá chegarem, receberão mantos brancos e viverão todos os dias ao lado do Rei, por toda a eternidade. Jamais verão as coisas que viram quando estavam nas regiões inferiores da terra, como a tristeza, a doença, a aflição e a morte, "pois a antiga ordem já passou" (Ap 21.4). Vocês estão indo para o convívio de Abraão, Isaque e Jacó, dos profetas, dos homens que Deus libertou do mal que virá e que hoje repousam nos seus leitos, cada qual andando na sua justiça.

Perguntaram então os peregrinos:

— O que devemos fazer no lugar santo?

— Lá receberão consolo por todos os seus esforços e terão alegria que compensará todos os seus pesares; colherão o que plantaram, o fruto de todas as suas orações, lágrimas e sofrimentos pelo Rei ao longo do caminho. Nesse lugar usarão coroas de ouro e desfrutarão da eterna visão do Santo, porque ali o verão como ele é (1Jo 3.2). Ali também servirão continuamente com louvores, com brados e ações de graça, aquele que desejaram servir no mundo, embora então com muito mais dificuldade por conta da debilidade da carne. Os seus olhos se deleitarão com a visão, e os seus ouvidos, com a audição da suave voz do Poderoso. Conviverão novamente com os seus amigos que chegaram antes de vocês, e receberão com alegria cada um que chegar depois de vocês ao lugar santo. Ali também se revestirão de glória e majestade, e terão vestes adequadas para andar ao lado do Rei da Glória. Quando ele descer das nuvens ao som da trombeta, sobre as asas do vento, vocês poderão recebê-lo, e quando ele se assentar no trono do juízo, estarão ao lado dele. Sim, e quando ele decretar a sentença dos obreiros da iniquidade, sejam anjos sejam homens, vocês também terão voz no julgamento, pois esses eram não só inimigos dele, mas também de vocês. Ainda, quando ele voltar à cidade, também vocês voltarão com ele, ao som da trombeta, e lá para sempre permanecerão.

Aproximando-se já do portão, eis que um destacamento do exército celeste sai para recebê-los. Disseram então os dois seres resplandecentes que acompanhavam os peregrinos:

— Eis aqui homens que amaram nosso Senhor quando viviam no mundo e que tudo abandonaram pelo seu santo nome. Ele nos enviou para buscá-los e nós os trouxemos até aqui nessa jornada, para que possam entrar e mirar a face do seu Redentor com alegria.

Então o exército celeste soltou um forte brado, dizendo:

— Felizes os convidados para o banquete do casamento do Cordeiro (Ap 19.9).

Também vieram recebê-los vários dos trombeteiros do Rei, trajando vestes brancas e resplandecentes. Esses, com sons fortes e melodiosos, faziam até mesmo os céus ecoarem a música. Os trombeteiros saudaram Cristão e seu companheiro com dez mil boas-vindas, com brados e o soar de trombetas.

Depois, cercaram os peregrinos de todos os lados, alguns pela frente, outros por trás, alguns à direita, outros à esquerda, como para escoltá-los até as regiões superiores e, no trajeto, continuamente soavam as trombetas, tocando notas agudas e melodiosas.

A cena, para quem a pudesse observar, era como se o próprio céu descesse para recebê-los. Assim caminhavam juntos e, no percurso, vez por outra, os trombeteiros demonstravam com alegres notas, combinando o som com olhares e gestos, quão bem-vindos eram Cristão e seu irmão, tamanho era o júbilo com que os acolhiam.

E agora os dois homens, por assim dizer, se viam no céu antes de lá entrar, extasiados que estavam pela visão dos anjos e pela audição de notas tão melodiosas. Dali também já avistavam a própria cidade, e julgaram ouvir todos os sinos repicando como sinal de boas-vindas.

Mas, acima de tudo, estava a expectativa alegre e doce que tinham de lá viver ao lado de tão bela companhia, e isso pelos séculos dos séculos. Ah! Com que língua ou pena se pode expressar júbilo tão glorioso? E assim chegaram ao portão.

Ora, diante do portão, lia-se escrito no alto, em letras douradas: “Felizes os que lavam as suas vestes [no sangue do Cordeiro], e assim têm direito à arvore da vida e podem entrar na cidade pelas portas” (Ap 22.14).

Então vi em meu sonho que os homens resplandecentes lhes diziam que chamassem diante do portão, o que eles fizeram. Alguns lá de cima olharam por sobre o portão, Enoque, Moisés e Elias, entre outros, e ouviram:

— Esses peregrinos vêm da Cidade da Destruição, pelo amor que têm ao Rei deste lugar. Cada um dos peregrinos entregou o seu diploma, aquele que haviam recebido no início, e os documentos foram levados até o Rei, que, depois de lê-los, falou:

— Onde estão os homens?

— Estão diante do portão — foi a resposta.

O Rei imediatamente mandou abrir a porta.

— Que entre a nação justa, que guarda a fidelidade (Is 26.2).

Então vi em meu sonho os dois homens passando pelo portão, e eis que, entrando, se transfiguraram e receberam vestes que resplandeciam como ouro. Também alguns os receberam com harpas e coroas, que lhes foram dadas: a harpa para o louvor e as coroas como sinal de honra. Nesse momento, ouvi em meu sonho que todos os sinos da cidade repicavam de júbilo, e aos peregrinos se disse: “Participe da alegria do seu Senhor” (Mt 25.21). Ouvi também que os próprios peregrinos cantavam a plenos pulmões:

— Àquele que está assentado no trono e ao Cordeiro, sejam o louvor, a honra, a glória e o poder para todo o sempre (Ap 5.13)!

Enquanto os portões estavam abertos para a entrada dos dois, acompanhei-os com o olhar, e eis que a cidade brilhava como o sol. As ruas também eram revestidas de ouro, e nelas caminhavam muitos homens com coroas na cabeça, ramos nas mãos e harpas douradas para cantar louvores.

Havia também seres alados, que respondiam uns aos outros sem interrupção, dizendo: “Santo, Santo, Santo é o Senhor”.

Mas logo se fecharam os portões. E depois de ver tudo aquilo, desejei estar entre eles.

Ora, enquanto eu admirava todas essas coisas, virei-me para olhar para trás e vi Ignorância chegando à beira do rio. Logo cruzou as águas, sem nem metade da dificuldade com que se debateram os outros dois, pois eis que ele encontrou ali um tal Vã Esperança, barqueiro, que com seu barco o ajudou a atravessar o rio.

Assim também ele, como os outros dois que vi, subiu o monte e se encaminhou ao portão, mas sozinho. Nem um homem sequer o recebeu, nem ouviu palavras de estímulo. Chegando diante do portão, ergueu os olhos e via a inscrição no alto e começou a bater, supondo que logo lhe seria facultada a entrada. Mas os homens que olhavam por cima do portão lhe perguntaram:

— De onde você vem e o que quer?

— Comi e bebi na presença do Rei, e ele ensinou pelas nossas ruas.

Pediram-lhe o diploma, para que pudessem levá-lo ao Rei. Tateou as vestes à procura do documento, mas nada encontrou.

— Não tem nada? — perguntaram-lhe.

Mas o homem nada dizia. Então chamaram o Rei, que não quis descer para vê-lo, mas chamou os dois seres resplandecentes que conduziram Cristão e Esperançoso e ordenou-lhes que fossem lá fora atar os pés e as mãos de Ignorância para lançá-lo fora.

Então eles o agarraram e o levaram pelos ares até a porta que vi na encosta do morro, atirando-o lá dentro. E vi assim que, também dos portões do céu, não só da Cidade da Destruição, havia um caminho até o inferno. Despertando, porém, vi que tudo não passara de um sonho.

Conclusão

Acabo, leitor, de contar-te o meu sonho;
Espero não o aches torpor enfadonho,
Mas interpreta-o para mim ou para ti.
Só te peço: não desvirtues o que vi,
Senão não o bem, mas o mal te fará.
Distorcer, portanto, te é opção má.

Cuida também tu de evitar o extremo,
De ver esse sonho como algo blasfemo.
Nem deixes que esse símile ou imagem
Te leve ao riso ou à mera voragem.
Larga isso aos meninos, aos malucos,
Mas extrai a essência, espreme o suco,

Abre a cortina; transcende esse véu;
Disseca a metáfora sem ser infiel.
Se ali buscares, acharás coisas boas,
Proveitosas até, dignas aliás de loas.

Mas, se na bateia te vier a impureza,
Releva, retendo o ouro, a riqueza.
Não se acha o ouro envolto em minério?
Pois trocar polpa por caroço é vitupério.
Porém se tudo descartares como lixo,
Sonho de novo, me perdoa o capricho.

Compartilhe suas impressões de leitura escrevendo para:
opiniao-do-leitor@mundocristao.com.br
Acesse nosso *site:* www.mundocristao.com.br.

Equipe MC:	Daniel Faria (editor)
	Heda Lopes
	Natália Custódio
Diagramação:	Felipe Marques
Fonte:	Janson Text

www.ingramcontent.com/pod-product-compliance
Ingram Content Group UK Ltd.
Pitfield, Milton Keynes, MK11 3LW, UK
UKHW040316300826
14791UKWH00003B/916

9 788543 302